CEDA A SUS IDEAS

EL PODER

DE CONSTRUIR

SU EXITO

ECONOMICO

EL AUTOR

Armando Castellano Jr., nació en La Guaira, Venezuela, en 1965. El cuarto hijo de Armando y Betsy Rafaela. Desde su infancia ha mostrado su inquietud por el comercio y el empleo de la creatividad personal en áreas productivas de negocios y procesos. A la temprana edad de 9 años, creó la carrocería de un automóvil personal, con el cartón que protegía las camisas que semanalmente su padre procesaba en la lavandería local. Era su mayor sueño visitar algún día a sus abuelos conduciendo ese auto, al que no le instaló motor. Ya en su adolescencia y enfocado en seguir los pasos de su padre locutor, él grababa un mensaje de voz que reproducía al atender cada llamada telefónica en su casa familiar. Cuando sonaba el teléfono, él acercaba la bocina al parlante y con su dedo índice activaba la grabación. Molesto para unos e innovador para otros, el mensaje grabado estaba compuesto por un saludo y par de minutos con música de fondo mientras era atendido, cuando entonces se alejaría de la sonora bocina en dirección a la oreja del interlocutor. La grabación lo llevó a crear su propio programa radial personal - nadie lo escuchaba más allá de los límites de su habitación; y de allí a la creación de un país imaginario con ciudades, equipos deportivos, moneda y lenguaje propio, el que desarrolló hasta su adolescencia. Dedicarle tiempo a inflar su imaginación era muestra de la soledad que vivió durante sus tiempos de muchacho. Su apatía por el deporte era influenciada por su hábito a la lectura y a los medios radioeléctricos. No era muy popular entre sus hermanas o familiares ni amigos, por lo que eso le ayudó a crecer con mayor fortaleza interior y en cuanto a sus conocimientos y deseos sobre sus planes de vida; nutriendo su pensamiento de manera incisiva y detallista. Un proceso personal de altibajos lo llevó a vivir la mayor parte de su adolescencia rebelde fuera del seno familiar y en colegios internados. Armando inició su recorrido por el emprendimiento a la edad de 19 años, cuando intentó fundar un periódico en Valencia, ciudad importante del centro de su país natal. Posteriormente se dio a la tarea de establecer una red de pantallas de video gigantes a lo largo de la ciudad. Un par de años después, en 1995, se establecería en Estados Unidos donde se dedicó a alimentar sus conocimientos en áreas como telecomunicaciones y negocios y aunque se inició en telemarketing, logró destacarse como inventor, emprendedor y ejecutivo hasta la fecha. Ha dedicado su vida adulta al aprendizaje de la tecnología y su uso apropiado por consumidores y empresas. Sobre todo, estableciendo la conexión entre digital media, IVR, Inteligencia Artificial, M2M/Machine Learning e Internet de las Cosas. Un emprendedor en serie, a Armando le entusiasma compartir el conocimiento compilado durante sus años de carrera, dictando conferencias, seminarios, coaching y mentoring grupos -en persona y online; y redactando artículos y blogs en inglés y español. Es igualmente invitado con frecuencia a programas televisados, donde conversa sobre emprendimiento, desarrollo de nuevos productos y pequeños negocios. Armando actualmente vive entre Colombia y los Estados Unidos.

CEDA A SUS IDEAS EL PODER DE CONSTRUIR SU EXITO ECONOMICO

2016 (c)

ARMANDO CASTELLANO Jr.

10 9 8 7 6 5 4 3 2 1

Management by **Performean Inc** | Media Unit

Design by **Ego Innatus**

Book content is not transferable. All rights are reserved. No part of this book may be used or reproduced in any manner without written permission by author or his agent; except in the case of brief quotations embodied in critical articles, notes or reviews regardless the media outlet. No part of this book may be scanned, uploaded or distributed via Internet or any other means, electronic, print without the publisher's permission.

Published in the United States of America

By **CreateSpace**, an Amazon company.

Distributed by **Amazon** and its affiliates.

Order your Paperback version at www.createspace.com/6712335

ISBN: 1540357651 / 9781540357656

A Performean Media Product | www.performean.com

Dedicado a **Betsy Rafaela,**

(1930-2006)

...quien lo dio todo sin recibir nada.

¡Con Todo mi Amor!

"El Tiempo de Dios es Perfecto."

TABLA DE CONTENIDO

CAPITULO UNO

UN NUEVO PROYECTO | 1

Internet de las Cosas | 6

Familiarizándose con Patentes & Licencias | 7

¡Mi Momento Eureka! | 9

CAPITULO DOS

MISMO ESFUERZO, DIFERENTE ADN | 12

Navegando en Solitario | 14

¿Ser Rico & Ser Famoso o Ser Feliz? | 16

CAPITULO TRES

EL TRANSITO DE IDEA A PRODUCTO | 19

Todos Tenemos un Inventor Interior | 21

Necesito "Inventar" Cómo Ganar Dinero | 22

La Invención Como Fuente de Ingreso Pasivo | 24

Convertir mi Idea en Ingreso | 27

Explore con Ideas Basadas en sus Fortalezas & Conocimientos | 32

Hijo de Gato, Caza Ratón | 34

Invente en el Nicho Ideal | 37

Si Decide Patentar, Elija Funcionalidad Sobre Ultima Tecnología | 42

CAPITULO CUATRO

¿ES MI IDEA PATENTABLE? | 48

Razones Detrás de una Estrategia de Patentes | 53

Búsqueda de Arte Previo | 56

Busque por sí Mismo | 58

Cuaderno del Inventor | 61

Fortaleciendo la Confidencialidad de la Invención | 67

CAPITULO CINCO

EMPRENDEDOR VS INVENTOR | 69

Errores Típicos | 77

Conozca la Propiedad Intelectual | 84

Patente Utilitaria Vs Patente de Diseño | 85

Provisional Vs No Provisional | 86

Trabajando con un Abogado Especialista | 90

Conveniencia de Registrar la Patente Usted Mismo | 99

Tips para Describir su Invención si Decide Hacerlo | 103

Dibujos & Ilustraciones | 105

Micro Entidad | 108

Pro Bono |109

Registro de Marca & Copyright | 110

Proteja su Marca a Través de Internet & en Medios Sociales | 111

CAPITULO SEIS

ESTUDIOS & ESTIMACIONES DEL MERCADO | 114

Beneficios de Licenciar su Invención | 117

Conociendo la Mentalidad de Negocios de la Empresa | 118

¿Mi Invención Tiene Algún Valor? | 121

Empresas Amistosas con Inventores Novicios | 127

Iniciando Contactos con Empresas | 134

Acuerdo de Confidencialidad | 136

Elabore un Acuerdo de Licencia | 141

Exclusivo Vs No Exclusivo | 159

Financiando su Invención | 161

CAPITULO UNO

UN NUEVO PROYECTO

COMENZAR UN NUEVO PROYECTO LUCE como una tarea compleja que requiere de tiempo, visión y entusiasmo.

Durante gran parte de mi vida profesional, trabajé en proyectos muy novedosos que involucran componentes tecnológicos un tanto adelantados para su rápida y masiva adopción —de acuerdo a la época en la que fueron creados.

Como introducción a este libro, me voy a tomar la libertad de mencionar algunas de mis experiencias gerenciales al formar parte de proyectos innovadores, la mayoría iniciados desde cero.

Recuerdo que en 1997 trabajaba en la creación de Innatus, un sistema conversacional a comando de voz que permitiría dirigir básicamente todas las acciones de la vida rutinaria de cada individuo.

Aunque inicialmente concebida para el comercio, Innatus era un aplicativo diseñado para operar sobre la red telefónica pública y por el que nos apoyamos de organizaciones tecnológicas globales para configurar las interacciones conversacionales y hacerlo funcional.

Durante esos años de finales de siglo pasado, mucha de la tecnología que necesitamos emplear para masificar Innatus no estuvo disponible.

Por supuesto, nosotros quienes dirigíamos tal proyecto, logramos construir una plataforma conversacional. Nos hicimos ayudar de Periphonics, una compañía con personal muy creativo y competente en el negocio de reconocimiento de voz y que fue adquirida por Northern Telecom (Nortel), de Canadá; la cual fue a la quiebra un poco después.

Para garantizarle cobertura nacional, Innatus debía ensamblar el sistema de comando de voz asociado a una costosísima red de fibra óptica y de centrales telefónicas que alarmaría a cualquier gigante de las telecomunicaciones hoy.

El proyecto, aunque había avanzado abortó debido a las muchas dudas e incertidumbres que generaba el famoso *bug* de Y2K y las inversiones de los fondos de capital de riesgo dirigidas básicamente a Internet, desaparecieron súbitamente en medio del *dotcom crash*, que ya sentíamos a principios de 1998.

Sin embargo, para un inmigrante como en mi caso, Estados Unidos siempre resultó el *holy grail* del éxito; el mercado meta para crear y experimentar con iniciativas en el área de proyectos. Más aun luego de haber compilado experiencia de varios años trabajando para gigantes de las telecomunicaciones y tecnología como AT&T; y en lo que hoy conocemos como Verizon (previamente LDDS/WorldCom, MCI), para robustecer conocimientos que me llevarían a dirigir proyectos con capital latino que presidí exitosamente como Saluda Networks, en 2004, la cual ofertaba servicios de telecomunicaciones para el mercado en español de Florida y Georgia.

Incluso, en el año 2006 estuve dirigiendo la visión, interacciones y modelo de negocios como co-fundador de ShoutAge, una red social cuyas pretensiones de competir con Friendster, MySpace y Facebook hubiesen, sin lugar a dudas, cambiado el paisaje de las redes sociales como las conocemos hoy.

Francamente, no consigo una mejor sensación de satisfacción que intentar aportar tales procesos y experiencia corporativa, aprendidas dentro de las culturas empresariales de gigantes conglomerados de tecnología global Fortune 100, e implementarlos con mis propias iniciativas en invenciones y emprendimientos.

Muchas de mis amistades y colegas comentan que mis proyectos contaban con una visión adelantada a los convencionalismos de la fecha. No sabría qué opinar. Lo que sí estoy seguro es que estas fueron invenciones que hubiesen podido ser adoptadas por el público y haberse convertido en productos y servicios de altísima demanda.

Hoy podemos ver el uso frecuente de *Siri* en el *iPhone* de Apple; Google *Assistant* para Android y Google *Docs;* y *Alexa*, para la familia de productos Echo de Amazon, por mencionar las más conocidas que funcionan igual a como visionamos Innatus, el proyecto que co-fundé junto a David F. Valderrama y Moyses S. Levy, y el cual dirigí veinte años antes de que IVR y AI fuera un matrimonio popular.

Siempre tuve la motivación de escribir un libro en el cual poder compartir estas vivencias y hacerlas interactivas vía sesiones y webinarios, *podcasts, blogs* y conferencias temáticas.

Me atreví a redactarlo contagiado por el entusiasmo de compartir y aprender más. Antes tuve la responsabilidad de recorrer varios países involucrado en conferencias sobre gerencia y medios digitales y esa enriquecedora actividad me mostró las carencias gerenciales y de proceso y cultura organizacional y de negocios en organizaciones empresariales de diverso tamaño y fortaleza.

Internet de las Cosas: "El máximo sueño!"

En 2013, Innatus logró resucitar bajo el espíritu del Internet de las Cosas y dispuesto a ser comandado desde un teléfono celular inteligente.

¿Coincidencia? ¡No! Dios parece estar enviándome un mensaje.

Esta experiencia la denominamos dayling, un pívot de un proyecto móvil previo al que llamamos niarmi; y que decidimos nutrirlo con inteligencia artificial, vinculando redes móviles domésticas con un programa interactivo asistido por un calendario personal capaz de gestionar actividades, ejecutar tareas, manejar y controlar artefactos y equipos del hogar y la oficina interconectados vía Internet; diagnóstico del automóvil, administrar citas médicas y gerenciar compras online y *offline* de forma predictiva; revisiones y múltiples agendables que forman parte de la rutina personal y profesional de cada usuario.

Este súper sistema vio luz en enero del 2016 y por razones asociadas a sus fuentes de financiamiento no pudo continuar su comercialización merecidamente y cesó sus funciones. Este ha sido el proyecto más innovador y ambicioso a nivel de invención y alcance global en el cual he participado.

Una actividad que comenzamos un grupo de personas y que nos tomó básicamente dos años en concluir y que, sin proponérmelo, será la base filosófica de este libro debido a la variedad de modelos, protocolos, tareas, procesos y requerimientos relacionados a invención, propiedad intelectual y comercio que podré compartirles a partir de esa experiencia.

Familiarizándome con Patentes & Licencias

Mi renuncia a dayling resultó de una ponderada decisión personal. Su cancelación como emprendimiento —aunque nunca oficial, ocurrió un par de meses posterior a mi decisión. Sin embargo, nunca es fácil ver cómo el esfuerzo e ilusiones se desvanecen junto al plan de tus sueños.

Gracias a Dios me correspondió superarlo con entereza, fe y entusiasmo.

Durante todos estos muchos años gerenciando proyectos —desde la concepción hasta su concreción, me di cuenta que no hay realmente un proceso modelado que supere el empirismo.

No parece existir un esquema de conocimiento universal que permita a particulares entender cómo funciona la propiedad intelectual, cómo se protegen las ideas y, estas dentro de la estructura de inventor; —o cómo se crea un modelo de negocios rentable.

Básicamente no conocemos qué hacer con las invenciones que nos volteretean en nuestras cabezas y no siempre tenemos presente el camino apropiado que nos transforme en empresarios y en algunas situaciones conocemos menos acerca de cómo utilizar la fuerza de esa idea para patentarla y considerar sus licencias a terceros —empresas más robustas y diversificadas, con interés en promoverlas dentro del mismo nicho de mercado —a mayor escala y volumen.

Con esa motivación en la mente y dentro de mi corazón, logré recuperarme de la caída experimentada con dayling. Limpié mis rodillas y decidí exponerme y enfrentar la vida compartiendo con los demás mis conocimientos sobre modelos productivos y con la pretensión que contribuya a robustecer sus aspiraciones empresariales.

Sí, y aunque nadie lo pondere, eso de licenciar una invención a un tercero más poderoso industrial, comercial y financieramente sucede con frecuencia, pero la gente no parece estar enterada.

Es rutina que gigantes de la Internet y la electrónica como Google, Microsoft, Motorola, General Electric, Nokia,

Samsung y Apple se licencien productos, componentes y procesos entre sí. O que Ford Motors, GM o Toyota alcancen acuerdos con marcas como Eddie Bauer, Dolby Systems, Sony, Kenwood o DirecTV.

Estas pagan por ideas protegidas para complementar productos que representen un mayor atractivo a su consumidor.

¡Mi Momento Eureka!

Luego de estar vinculado a tecnología de última generación durante muchos años, me encontré desempleado y admito que sentía una emoción sombría y peculiar porque habitualmente y durante los últimos 30 años, he estado frente a una computadora por más de 18 horas diarias.

Recuerdo que planifiqué retornar al *gym* y parte de la rutina incluía rodar la bicicleta por las calles de Coral Springs, una ciudad de mediano tamaño ubicada en el sur de la Florida. Este ejercicio me prepararía físicamente para actividades más rigurosas en la vida en comparación a las que estaría expuesto en el gimnasio.

Una tarde y mientras esperaba por mi acompañante empecé a observar la bicicleta y analizar su funcionamiento. Sin percatarme de tal observación, comencé a determinar muchas de las cosas que pensé podrían bien adaptarse a ella para mejorar su rendimiento, funcionalidad y sobre todo seguridad.

Analizándola con detalle logré identificar cerca de once modificaciones, adecuaciones y adaptaciones novedosas que bien pudieran incorporársele, sin afectar diseño ni su funcionalidad tradicional.

Me preguntaba por qué nadie habría propuesto cambios sustanciales a la industria de la bicicleta, cuyos orígenes van hacia principios de los años 1800s.

Once elementos nuevos que mejorarían el frenado, maniobrabilidad, carga, reducirían su peso, incorporar tecnología de punta de forma económica sin dejar su espíritu de bicicleta tradicional.

Reconozco que algunas personas bautizan esta situación injustamente como "¡Eureka!" o en el lingo popular del inglés el "*A-Ha moment...*"; cuando simplemente es el pináculo de convergencias entre conocimientos, experiencia y creatividad, lo que permite descubrir una oportunidad, analizar su factibilidad y explorar su diseño e implementación hasta convertirlo en negocio.

Mi reacción fue conseguirle respuesta a una pregunta que velozmente invadió mi mente: cuáles son los pasos para convertir estas ideas en productos. ¿Cuánto tiempo me tomaría? ¿Cuál sería el personal mínimo necesario? ¿Cuánto dinero necesitaría? ¿Cuál tipo de conocimiento me ayudaría a iniciar este nuevo proyecto? ¿Quién los fabricaría? Y más importante, ¿cómo protegería esas ideas?

Entonces me dediqué al desafío de reorganizar mi vida profesional y de negocios en un período de seis meses, a partir de una idea y desde doble—cero (o sea, *cero* presupuestos y *cero* ayudas externas).

CAPITULO 2

MISMO ESFUERZO. DIFERENTE ADN

NO SIEMPRE EL MODELO EMPLEADO EN mis emprendimientos anteriores podrá aplicarse al nuevo. La experiencia igual me servirá para discernir cuáles botones presionar y qué estrategia seguir de acuerdo al tipo de proyecto —o invención en este caso.

Cada negocio posee un diferente ADN y trae sus propios frutos, triunfos y preocupaciones. Como en la familia, donde cada hijo es diferente.

En mi nueva actividad no he olvidado reforzarme en la fe.

Sí, a pesar de mi cercanía con la tecnología de primera generación a la que estoy acostumbrado, también me siento personalmente conectado a un poder espiritual supremo al que todos conocemos como Dios.

Ese contacto rutinario fortaleció mi fe y me generó mucho entusiasmo, levantó mi ánimo y me renovó las fuerzas para comenzar de nuevo.

Confieso que inicialmente busqué entre amistades y empresas asesoras quienes pudieran estar interesadas en aportar sus conocimientos y guía como contraparte a los beneficios que producirían mis invenciones. Indagué entre las más reputadas y aquellas conformadas por los más reconocidos profesionales.

Rápidamente comprendería que no había mucho que perder si lo intentaba por mí mismo.

No había considerado que este proceso de transformar una invención en negocio pudiera llevarlo adelante sin la compleja estructura de socios, ángeles inversionistas, préstamos ni inversión de capital de riesgo. Era otro nuevo mundo que comprendería con destreza al pasar los días.

Navegando en Solitario

Siendo dayling un emprendimiento en sí mismo, mi desvinculación me dejó un sólido aprendizaje, pero además sin dinero y sin ingresos.

Con mis ideas en mente, decidí explorar con empresas de consultoría en propiedad intelectual y agentes de patentes e invenciones, para conocer en qué capacidad pudieran estas relacionarse con lo que sería mi invento. Sus ofertas en TV e Internet son muy atractivas y sentí curiosidad.

Sin embargo, después de conversar con todas las que apunté en mi agenda, aprendí que su modelo de negocios está fundamentado en el pago de sus servicios mediante contrato y pues, una persona en mi situación no solo no tenía el capital para costearlos, sino que noté inmediatamente que los aportes propuestos eran de alguna manera conocimiento al cual estaba familiarizado.

Incluso, pudiera asegurar sin pretensiones ni arrogancias, que al hablar con ellos descubrí que ya previamente yo había gerenciado proyectos de mayor complejidad y que la coordinación de este nuevo, desde su invención, la redacción y solicitud de patente provisional y la potencial licencia a una empresa de mayor tamaño pudiera lograrse en mis propios términos y ahorrándome mucho dinero.

Ciertamente que aquí la fe juega un papel protagónico, ya que alimenta la estima y confianza personal; y refuerza la franqueza interior cuando converso conmigo mismo sobre las razones por las cuales este libro debe cumplir sus objetivos para terceros.

Mientras Dios esté a cargo, mis talentos y disciplina se desnudarán para guiarme en la dirección al éxito que el proyecto necesita.

Y de esa experiencia pretendo contarles durante el trayecto de esta conversación.

...y si yo podía, cualquiera puede. Sin pretender que la literatura sea infalible, el compartir mi experiencia abrirá la puerta a discusiones francas sobre temas que van más allá de la propiedad intelectual, pero asociadas con técnicas de gerencia de negocios, finanzas y esquemas para que su invención asuma su propia personalidad —y solo con su ayuda, inicialmente.

Este material contiene una porción vivencial personal mezclada con un componente de información técnica bajo un formato de *coaching* conversacional, que espero sea de su satisfacción y aceite las ideas que construirán su futuro económico.

Aspiramos que este libro contribuya mucho en su éxito...

Ser Rico & Famoso o Ser Feliz?

He visto muchos proyectos fracasar debido a que sus fundadores y gerentes les nutren exclusivamente de la visión de ganar dinero por sobre la creación de riqueza colectiva.

Es como habituarse a una dieta tóxica.

En el caso de los negocios, estos deben tener una meta que involucre la generación de riqueza como un principio general y global de su operación; de manera que, empleados, clientes y accionistas se vean impactados por su operación y beneficiados por sus ganancias.

Claro que no le haré leer este denso libro para elucubrar en sus motivaciones personales al iniciar un negocio.

Después de todo, a este tipo de actividad le llamamos "negocios"...

A veces siento que a lo largo de mi historia de negocios he luchado la batalla equivocada. Me he preparado para ser famoso, pero no para ser feliz.

Me dejé guiar por experiencias y conceptos aprendidos de otros. Crecí aceptando con vehemencia como los designios inscritos en los libros y aulas bautizaban a la sinceridad, la honestidad, la justicia, la felicidad y al amor con frases condimentadas y hasta deceptivas.

Descubrí que nos venden las utopías mezcladas de frustraciones y fantasías desconociendo nuestros derechos por asumir conceptos propios, significados y valor sobre el amor, la franqueza, la amistad, la honradez y la fe.

Aceptar que gran parte del destino personal pertenece a la consecuencia de nuestras decisiones y aunque Dios está en control del bienestar absoluto, es importante aportar entusiasmo, perseverancia y disciplina para allanar la luz que alumbre los caminos de su prosperidad.

Al iniciar un nuevo proyecto, establezca su propia definición del éxito. No sea tan riguroso con usted mismo y evite exigirse niveles de prosperidad como aquellos que han alcanzado los Mark Zuckerberg, los Bill Gates y los Carlos Slim del mundo. Aunque no deje de soñar en grande y planificar para que no le sorprenda cuando se convierta en hechos.

CAPITULO 3

EL TRÁNSITO DE IDEA A PRODUCTO

¿Y CUANDO LEERAN SOBRE LAS ONCE MODIFICACIONES que visualicé inventándole a la bicicleta?

La realidad es que como elemento de ilustración preferí no conversarles aquí sobre esas modificaciones ni hacerlo como ejemplo. Tal vez nos resultará de mayor beneficio llevar una literatura conversacional sobre como evolucionar su invención a producto mediante el camino formal.

De manera que estaré conduciéndome hacia cómo llevar la gerencia de una invención en términos básicos pero específicos, tratando de cubrir la mayor cantidad de área posible para orientar al inventor *novicio*.

Analicemos el porqué de este libro...

Supongamos que usted desea llevar una carrera profesional exitosa y de prestigio, y que ya entrado en sus años productivos descubre que sus ingresos no cubren sus gastos.

El *Sueño Americano* que todos perseguimos alcanzar desde que salimos de nuestros países hacia los Estados Unidos promete producir los beneficios de acuerdo al esfuerzo que dediquemos a formar nuestra estrategia personal y concretar nuestras ideas.

Siendo un país fortalecido por la contribución de sus inmigrantes durante todas las épocas, consideré que la historia contada por alguien viniendo desde otra cultura podría tener sustancial resonancia respecto de cómo opera el sistema para quienes deseen trabajar para sí mismos y en sus propias ideas y proyectos.

Todos Tenemos un Inventor Interior

Para quienes eligen trabajar en sus propias ideas, no es tan simple ni sencillo como un día de paseo al campo. El camino de la invención descrito a lo largo de este libro pretende descubrir sus detalles más relevantes para facilitar la implementación de métodos liberales de gerencia en su innovación y hasta la producción.

La adopción del Sueño Americano no debe circunscribirse a la hipoteca de la casa, la mensualidad de su auto y el álbum de tarjetas de crédito que hoy posee. También se representa en la creación de riquezas para la familia, la comunidad y sus clientes potenciales.

Apuesto que muchos empleos de sueldo mínimo están siendo ocupados por personas emprendedoras y genuinamente creativas, que como inmigrantes sienten ver sus mejores tiempos transcurrir y no atreverse a dar el primer paso.

Ciertamente mi libro no es el primero que describe el tema de las invenciones ni sobre la propiedad intelectual; pero sí une brevemente estas dos con un componente amplio sobre gerencia de negocios, que aumentará la visión y el carácter en cada inventor en ciernes que lo lee y que alguna vez pensó que *estuvo* en el lugar equivocado y en el momento menos oportuno.

Necesito "Inventar" Cómo Ganar Dinero

Para aminorar los embates del desempleo súbito, me he planteado un desafío de seis meses para transformar mi invención a producto —al menos con su proceso de patente formalizado.

No mencionaré los detalles de esta invención debido a su obligada confidencialidad. Sin embargo, confieso que al aplicar las técnicas que plantea este libro, logré identificar al menos 200 potenciales invenciones en diversos verticales y de las cual les mantendré al tanto en rutinarias entregas en mi blog, donde compartiré experiencias además de *tips and tricks*.

Al entrar en un proceso de solicitud de patente es necesario mantenerla en secreto hasta que la oficina de patentes garantice cierta autoridad sobre la pieza intelectual.

Hoy día, la economía laboral está enfrentando cambios dinámicos para los cuales los individuos y profesionales deben flexibilizarse.

Como regla general, nuestro presupuesto personal y familiar incluye compromisos y gastos rutinarios nuevos que no teníamos hace cinco años atrás y observamos con inerme fascinación como la tecnología está invadiendo aceleradamente posiciones que antes estaban asignadas a humanos exclusivamente.

Nuestros propios empleos tradicionales están en riesgo.

La inflación y la dinámica de obsolescencia en la fabricación de los productos hace que el dinero cada vez sea más escaso y rinda menos. Los productos son menos duraderos y la transformación de estos en versiones más revolucionarias, invita a su compra irremediable para estar a la moda o por adquirir el producto que creemos más eficiente y moderno.

Las estadísticas referentes al ahorro son dramáticas y actualmente menos familias e individuos tienen como enfrentar financieramente un inesperado gasto médico, la compra de un mejor automóvil o simplemente costear la carrera universitaria de los hijos.

El paradigma del sueño americano que inducía al trabajo arduo apoyado en la trilogía de vivienda y automóvil propios, más crédito, parece tener sus días contados.

Diariamente, los miembros de cada familia norteamericana salen a trabajar para aportar el sustento colectivo y esa parece ser una actividad rutinaria, ya que incluso profesionales en posición de retiro ven sus ingresos devorados por el gasto familiar corriente.

No parece ser el mejor panorama para quien como yo, está obligado a comenzar de nuevo —desde cero.

De manera que sí hay que inventar como generar nuevo dinero, sin comprometer su dignidad ni entereza y con fe en su propia disciplina y método.

La Invención Como Fuente de Ingreso Pasivo

Como en mi caso, más familias e individuos por ende andan en búsqueda de un ingreso que complemente el sueldo formal y pueda ganarlo pasivamente.

Para efectos de este documento, intentaremos determinar los modelos que nos lleven a comprender el proceso de innovación desde varios ángulos, y donde podamos identificar alguno que pueda generar un ingreso pasivo a su cuenta bancaria.

Según la oficina de impuestos de los Estados Unidos, Internal Revenue Service; el ingreso pasivo compone junto a ingreso de activos e ingresos por manejo de portafolio, la categorización de ingresos que están sujetos a imposición. O sea, ingresos que generan el pago de impuestos, aun cuando el individuo no participa directa, ni materialmente en su producción.

En adición a las invenciones, otras actividades comerciales a las cuales pudiéramos identificar como generadora de ingresos pasivos son, entre otras:

- *Renta de sus propiedades inmobiliarias*
- *Alquiler de habitaciones temporalmente*
- *Escribir un libro*
- *Diseñar código para Internet comercializable bajo el modelo SaaS*
- *Redactar un guión para cine o TV*
- *Licenciar dominios para aplicativos web y móviles*
- *Rentar espacio en la vivienda principal para baby-sitting o un gym*
- *Crear un sistema digital de referidos*

- *Crear un repositorio de formas, correspondencias de negocios, contratos y asesoría legal*
- *Instalar una máquina de vender gaseosas o confites*
- *Dropshipping o remarcado de productos*
- *Venta de camisetas con diseño propio*
- *Componer canciones*
- *Alquiler de herramientas y utensilios ferreteros propios*
- *Préstamos personales garantizados*
- *Invertir en un parque de diversiones*
- *Modificar la vivienda principal y convertirla en hostal o posada*
- *Redactar un blog relacionado a un vertical específico*
- *Comprar participación accionaria minoritaria en una empresa productiva local*
- *Crear una invención patentable y licenciar a empresas fabricantes o distribuidoras*

Convertir mi Idea en Ingreso

Sin embargo, para usted recibir ingresos como producto de estas actividades de negocio en el listado anterior requiere de haber realizado una inversión previa.

Tal vez en su caso particular le corresponda trabajar en una invención que con el correr de los meses represente una fuente confiable de ingreso pasivo.

Dediquemos espacio a identificar cómo mentalizarnos para la creación de una invención que cumpla con ese propósito.

Fundamentalmente recomendaría tres fuentes de generación de ideas usada por desarrolladores de productos y que han sido la razón primaria por la alta productividad de las empresas modernas:

- *Resolución de problemas existentes*
- *Inventar apoyado en sus conocimientos previos*
- *Globalizar un hábito familiar*

No olvide que la mayoría de los productos que le rodean fueron generados a partir de una idea.

Comience con un recorrido visual alrededor de su habitación y pregúntese cómo pudo haberse generado la idea que derivó en ese producto que está observando ahora mismo.

Cuáles fueron las razones, el motivo y la inspiración; cuánto habrá costado o qué ayuda externa habría recibido la persona que inicialmente ideó *eso* que hoy analiza convertido en producto.

Existe una teoría distorsionada de que las invenciones deben ser únicas, por lo que entrarían a una especial categoría, que describe a los inventos más importantes y clásicos de la historia. Sin embargo, al recorrer las habitaciones de la casa notamos que utensilios de la cocina, los implementos de baño, las herramientas en el *garaje* y los componentes mecánicos del auto son igualmente invenciones.

No hay que amilanarse por pretender hacer comparaciones liberales con las invenciones históricas. Sin embargo, estas parecen haberse concretado por la necesidad de resolver un problema del momento o porque se derivaron de una habilidad especial de su creador o simplemente al estudiar áreas donde sus ideas pudieran convertirse en productos.

Revisemos algunos espacios generales que pudieran servirle como fuente natural de nuevas ideas:

- *Crear procesos o aparatos que resuelvan un problema latente*
- *Implementar el uso de costumbres familiares y procesos locales típicos*
- *Explorar invenciones que se deriven del conocimiento y experiencia personal*
- *Identificar mejoras y actualizaciones en productos ya existentes*
- *Amplificar procesos basados en el conocimiento personal hacia nuevos nichos y verticales*
- *Actualizar reglas y normas de juegos de mesa y campo típicos y locales y planificar su expansión*

La Necesidad, Madre de Todos los Inventos

Muchos productos populares han conocido su éxito nutriéndose de la necesidad de mecanizar un proceso manual para mejorar su funcionalidad con ingenio.

Para identificar la fuente más eficiente en la generación de ideas, sugiero que comience por revisar cualquier "molestia" por insuficiencias notorias para usted mismo, respecto a la funcionalidad de productos y procesos en habitaciones, cocina, el cuarto de baño, el *garaje* o hasta dentro del propio automóvil.

Comience por lo más fácil y simple. Ahí puede existir una oportunidad no percibida.

Como ejemplo, explore entre estas situaciones a continuación aspirando modificarles alguno de sus procesos originales:

- *Estudie la técnica específica de cocinar un alimento típico de su familia*

- *Como cierran las diferentes ventanas de su casa, oficina y automóvil*

- *La forma de ventilación del sistema de aire acondicionado*

- *El drenaje y reciclaje de las aguas servidas*

- *Limpiar el desecho de las mascotas*

- *Lavado de la ropa*

- *Formas alternativas de pintar las paredes*

- *Incidencia ergonómica en el diseño de camas y muebles*
- *Sistemas de baño*
- *Hornos y cocinas*
- *Utensilios de uso en la preparación de alimentos y comidas*
- *Fundas que protegen el celular dentro del auto*
- *Usos adicionales en la plataforma de carga de camionetas tipo pick up*
- *El sistema de lavado de automóvil*
- *El proceso de recepción de pacientes en un hospital*

Algunos procesos y esquemas sobre seguridad en el hogar, auto o en la empresa que puedan formar parte de su interés personal y que en algún momento pensó "¿por qué no lo habrán inventado antes?"

Cualquier situación o proceso que había venido ponderado como sujeto a cambios, mejoras o un rediseño, ahora está en su mente y en sus manos.

Es apropiado reforzar que mientras debatimos variadas fuentes de inspiración para crear invenciones, describiremos aquellas que facilitarán su comprensión de cómo concluirían en un producto manufacturado.

Si existe alguna situación que le viene causando molestias por algún tiempo y que piensa que tiene espacio para mejorar, es momento que determine cuáles son las adiciones posibles que pudieran mejorar su funcionalidad.

Mejorar el proceso o su mecánica.

Muchos de los productos que le rodean han sido diseñados por inventores que se benefician de evolucionarlos hacia procesos mecánicos. Otros evolucionan estos desde la mecánica a la electrónica y a partir de ahí, migran a códigos informáticos o insertos en redes de telecomunicaciones inteligentes.

Explore con Ideas Basadas en sus Fortalezas y Conocimientos

Emplearemos tres casos referenciales muy notorios como el del médico, el deportista y el mecánico automotriz.

Muchos de los medicamentos y de las prótesis provienen de las investigaciones de los médicos y terapeutas. En función de eso se establecen procesos y productos que pueden igual revelarse en verticales alternativos y de expansión, como en el área del deporte.

El proceso de evolución de la medicina y el deporte muchas veces coincide y se apoya en convertir procesos manuales o mecánicos aplicándoles química, mecánica y electrónica para el beneficio de sus usuarios finales.

Esta fuente no solo crea espacios para la innovación o evolución de una creación conocida, sino que permite la expansión de esta hacia otros verticales, que le servirán como extensiones naturales.

Muchas de las invenciones que vemos consolidarse en la medicina son originadas por los propios médicos, quienes, entre otros, proponen mecanizar procesos mediante su migración a la electrónica.

Incluso existen médicos dedicados a la escritura de libros especializados en medicina. Graduados al igual que los médicos practicantes a los que estamos acostumbrados, estos no ejercen su labor en hospitales ni centros de salud, sino en estudios asistidos por programas de computadoras para la escritura y la edición de libros relacionados a la medicina.

Los calzados deportivos de alto rendimiento son ensamblados alrededor de la experiencia de los usuarios experimentados, quienes sirven como consultores de los proyectos; de allí la popularidad de submarcas como *Air Jordan*, de Nike, en el cual el equipo del famoso basquetbolista Michael Jordan, colaboró en su diseño, pruebas e implementación.

Equipos de salvamento frecuentemente nacen de las mentes de salvavidas, bomberos y rescatistas.

Las personas son naturalmente creativas por lo que la capacidad de inventar es de cada cual en particular.

El caso de las invenciones en transportación que son creadas desde un taller mecánico.

Muy probable que sus conocimientos y aquellos tópicos donde se sienta con experiencia pudieran convertirse en una buena incubadora de ideas patentables.

Hijo de Gato, Caza Ratón

Los hábitos dentro de las familias y costumbres en las regiones donde crecimos, muchas veces se expanden como innovaciones en mercados nuevos que reconocen el potencial en una novedosa propuesta.

De manera que cubiertos y utensilios de madera, máquinas artesanales para la cocina, salsas, preparados, embutidos, arepas y estofados de cualquier tipo y región son el vivo ejemplo de como un producto patentable puede originarse a partir de una tradición.

Por lo pronto, ejercite su creatividad mediante un ligero análisis de herramientas, hábitos y procederes tradicionales de las regiones donde se levantó su familia y explore cuales de estas resistirían un proceso de cambios, que concluya en la constitución de un nuevo producto, proceso o, en general, invención.

Tenga presente que por ser inventor no tiene por qué pensar en productos únicos, innovadores o nunca inventados. Aproveche y expanda su creatividad contemplando la modificación de productos en operación actualmente, invenciones previamente patentadas o incluso crear una novedosa funcionalidad de un viejo artefacto, producto o proceso y migrar hacia una nueva categoría para iniciar consecuentemente la obtención de su propiedad intelectual.

Muchas veces hábitos y eventos sucedidos en ciudades pequeñas y remotas e incluso fechas, son luego conocidos y adoptados en todo el mundo.

Solo recordemos cómo los medios influyeron en la transformación de la historia de las "Brujas de Winston-Salem", las corridas de toros de Pamplona o la celebración mexicana del "5 de mayo", en los Estados Unidos.

Hábitos Locales Convertidos en Unicornios

En América son muy particulares y frecuentes las historias sobre el camino que recorre el emprendedor desde la pobreza a la riqueza.

Algunos casos de éxito provienen de la adopción de un hábito cultural en un país como Estados Unidos.

Casos exitosos globalmente como Uber, pudo haber sido un reflejo del desordenado sistema de taxis en Venezuela donde millones de autos particulares y huérfanos de regulación gubernamental o identificación apropiada como vehículos de servicio público, salen a las calles y avenidas a ganar dinero extra para combatir la debilidad de la economía local.

Igualmente, pudiéramos asumir que la falta de dormitorios en las universidades de Latinoamérica y en la mayor parte del mundo, fueron el elemento detonante en la rápida adopción de AirBnB.

Es tradicional en los países de la región, que los jóvenes que van a estudiar a las universidades fuera del seno familiar y de su pueblo natal, les corresponda rentar habitaciones por períodos de estadía largos. Habitaciones en casas de familia y en viviendas particulares.

Esto sucede porque los recintos universitarios no fueron concebidos más allá del entorno educativo con aulas, laboratorios y pasillos; obviando la logística del estudiante proveniente de otras geografías; de manera que las familias residentes en los alrededores y de entre 100 metros y hasta 20 millas de distancia, le arriendan habitaciones a estudiantes por períodos que van desde una semana hasta prolongaciones completas que cubren la carrera académica.

AirBNB ofrece estadías cortas en viviendas de terceros, como reemplazo al modelo de hotel convencional y sin llegar a ser posadas ni hostales.

Par de ejemplos de cómo una actividad cultural pudo convertirse en éxito en los EE.UU, aunque sea un hábito proveniente de otra geografía.

Invente en el Nicho Ideal

Se dice por ahí que los "inventores no diseñan" y los "diseñadores no inventan".

No está claro sobre hasta dónde llega ese mito, pero lo que sí se podrá comprobar que desde cualquier posición identificaríamos verticales y nichos como áreas generadoras de ideas que le guíen en el diseño y posterior manufactura de su invención.

Por descarte, los verticales expresan la definición de nichos de negocio cuyos procesos productivos y de comercialización se desempeñan de modo independiente y se clasifican según industrias.

ELECTRONICA
SALUD
EDUCACIÓN
automóvil BANCA
CONSTRUCCIÓN Joyería
Gobierno Manufactura
Energía alimentos
& bebidas Media
Bienes ✕ Raíces

Igualmente, un *tour* local por tiendas especializadas o por departamentos como Home Depot, Walmart, Target, Bed, Bath & Beyond, Lowe's, BigLots!, Kmart, Sears, ACE Hardware, Whole Foods, Kroger, Walgreens, CVS y otros le produciría algunas pistas sobre cuáles productos están siendo solicitados y cuáles productos tradicionales pudieran ser vulnerables a sus cambios y rediseños.

Hemos agregado algunos nichos que por su especificidad pasarían desapercibidos y con los cuales usted pudiera sentirse asociado o relacionado. Estas actividades son expuestas como ejemplo e incluyen sectores tradicionales como deportes, hobbies y misceláneos, y la hemos comprimido en una conveniente lista a continuación:

- *Accesorios complementarios para golf*
- *Artefactos y equipo deportivo asociado al fútbol/soccer*
- *Juegos en línea*
- *Juegos de mesa (Game boards)*
- *Juguetes para mascotas*
- *Artículos para el aseo y mantenimiento de piscinas*
- *Productos para el cuidado del bebé*

- *Diseño de disfraces*
- *Equipos y artefactos para la recreación familiar*
- *Artefactos para la jardinería*
- *Artículos para la decoración de eventos*
- *Partes y accesorios para vehículos automotores*
- *Accesorios para bicicletas*
- *Utensilios para BBQ*
- *Artefactos, sistemas y esquemas de seguridad*
- *Artículos para la pesca*
- *Accesorios de oficina*
- *Contenedores & Gabinetería*

Considerándonos expertos en un área única, es recomendable chequear nuestro conocimiento sobre la funcionalidad de la invención específica en la que decidimos trabajar.

Por ejemplo, si su elección ha sido inventar un utensilio para la cocina entonces debería familiarizarse con varios elementos que influyen en su adopción y practicidad para usarse como producto terminado.

—Fabricación con material que impacte la conducción del calor

—Fácil almacenaje en los gabinetes de la cocina

—Considerar material liviano pero resistente al fuego

—Evitar superficies filosas o convertir el utensilio en un artefacto punzante

—Considerar su uso por todos los miembros de la familia sin importar edad

—Planificar su evolución en cuanto a colores, forma y tamaño; así como funcionalidades adicionales y su futura migración a nuevos usos dentro de mismo nicho

—Identificar refacciones, productos y partes de reposición

Pondere la inclusión de procesos mecánicos, eléctricos o electrónicos a tiempo, de manera que pueda solicitar asesoría directa en tales áreas, sin arriesgar los derechos intelectuales posibles durante su diseño.

Explore el marco regulatorio y legal que supervisa el uso de su invención y busque guía ante oficinas gubernamentales de ser necesario.

Adicione sus propios insumos a las sugerencias ya descritas y cuyas consideraciones son similares de acuerdo al tipo de producto o servicio en el cual basaría su invención.

Esta información ampliada nos permitirá en el futuro medir la patentabilidad de la idea y la posibilidad de ser diseñada, implementada y usada a gran escala.

Si Decide Patentar, Elija Funcionalidad Sobre Última Tecnología

Para usted será imperativo establecer una estrategia sólida de cómo crear una patente.

Obviamente la patente se deriva de una invención y esto va a depender de esa estrategia inicial que usted se plantee como inventor.

De manera que si elige trabajar en una invención con alto componente de tecnología de reciente generación prepárese, ya que esas invenciones pasan por procesos de evaluación extensos, lentos y de mucho escrutinio, debido a la naturaleza y posibilidad de adopción y de incalculable obsolescencia a las que están expuestas invenciones que se derivan de tecnología nueva.

A pesar de su aparente oportunidad, en ocasiones la idea de aplicar nueva tecnología no tiene éxito representándose ante los ojos y planes de una empresa con intereses en licenciar, por lo complicado que se hace la identificación de propietarios en el arte previo y en patentes otorgadas a procesos electrónicos intrínsecos en su nueva invención tecnológica.

Entendidos suman hasta tres mil las patentes que forman parte de la funcionalidad de un teléfono inteligente como el iPhone —si es de utilidad para explicarle lo complejo que es servirse de una pieza de tecnología usada ya por billones de personas.

De forma que, si su invención está apoyada en última tecnología, el equipo responsable del proyecto debe poseer el interés, el tiempo y pulmón financiero para negociar en diferentes estadios con representantes no aún identificados, de propiedad intelectual que permitirían el funcionamiento de su invención.

Incluso, una invención con poca influencia de la electrónica o código de programación pudiera operar con patentes que ya han expirado haciendo más rendidor el trabajo de creación, producción y manufactura.

Aunque lo razonable debería ser trabajar en lo que usted conoce o le gusta, también lo es advertir sobre cuáles son las invenciones que despiertan un interés primario, sin importar su nivel de experiencia.

Productos con baja influencia o poco nutridos de tecnología nueva, tienden a ser mecánicos o manualmente operados, por lo que sus costos de producción, adecuabilidad y posible adopción del producto es inferior, haciéndolo más asequible ante el consumidor.

No siempre se logra alimentar suficiente interés siendo un inventor novel, independiente y sin experiencia previa, por lo que es recomendable alejarse de la tecnología de punta sino se conoce lo suficiente, no logra probar su valor comercial o no se está bien relacionado en esa industria.

Si usted en cambio no pretende fabricar la invención por su cuenta y la patente está siendo elaborada para negociar una venta o "azucarar" su participación en otra empresa de su interés, entonces adicionar tecnología de vanguardia a su propiedad intelectual es muy recomendable.

De acuerdo al bombardeo de información que recibimos de lo que acontece en Silicon Valley, pensaríamos que el mundo migra rápidamente hacia un ecosistema repleto de tecnología de última generación, que influye en una población de humanos *bobos*. Es posible que popularizar esas herramientas sea la meta, pero su adopción como instrumentos de asistencia apoyados en inteligencia artificial y código binario tomará aún algún tiempo en masificarse entre la población.

Tal vez un encuentro con su propia realidad ayudaría a comprender el racional...

Tome un tiempo y analice su propio uso de las herramientas móviles en su teléfono inteligente, por ejemplo: A finales del año 2016, probablemente usted como la mayoría tendrá en su portafolio activado SnapChat, Slack, Facebook, Apple Pay, Spotify, Instagram, FitBit, Mint, G-Suite, Waze y tal vez el aplicativo de su banco.

¿Desde cuándo usted interactúa con este mosaico de apps? ¿Cuándo fue la última vez que activó el aplicativo móvil de moda?

Pocas, si consideramos que existen algo más de 4 millones de aplicativos móviles disponibles para ser cargados en su teléfono en cualquier momento.

Sin embargo, es posible que, en su cocina, sala de baño o *garaje* convivan algunos utensilios nuevos que reemplazaron herramientas y procesos que usted consideró obsoletos.

Por ello, es recomendable reiterarle que, como inventor, usted elija desarrollar proyectos con un discreto componente tecnológico que redundaría en una adopción más directa y menos intrusiva por parte del consumidor.

Con esto no se pretende desanimarlo si su iniciativa es fundamentalmente orientada a tecnología de última generación. Siendo ese el caso entonces recuerde que debe prepararse con mucha disciplina, ya que perseguir patentarlos y licenciarlos son trámites duraderos que obligan a una investigación mucho más exhaustiva y prolongada sobre invenciones previas, que formarían parte de su producto.

Como contraparte, los productos con un leve ingrediente tecnológico se perciben con mayor elocuencia debido a su asumida practicidad al planificarse, crearse y producirse. Además, en su interacción con su público consumidor meta, un producto sin tecnología pudiera costar menos ya que su adecuabilidad a la rutina del comprador, su adaptación y posterior adopción es un proceso de fácil decisión que no afectaría sus costumbres ni hábitos.

CAPITULO 4

¿ES MI IDEA PATENTABLE?

EL CULTIVAR IDEAS NUEVAS EN NUESTRAS mentes produce una serie de preguntas que debemos ponderar antes de evolucionarlas hacia el camino de la producción.

Una de ellas es, cuál el propósito de la invención y de esta como un negocio.

Es imperativo establecer un franco proceso de revisión previo a aspirar continuar con la formalización de la idea como un producto —y patentable.

Tómese un momento y reflexione alrededor de las siguientes preguntas:

¿Puedo yo mismo financiar mi idea?

¿Es un producto físico o un servicio?

¿Existe un mercado para ese producto?

¿Cuáles son los canales de venta donde comercializar mi invención?

¿Cumple con una función de uso?

¿Calificaría como una patente?

¿Es un producto, artefacto o proceso cuya funcionalidad no es obvia?

¿Cuáles elementos deben considerarse antes de continuar con la protección de la invención?

Prepararse para la presentación de una invención ante la oficina de patentes es fundamentalmente un ejercicio similar a proponer unos planos para solicitar un permiso de construcción ante la municipalidad.

...complicada la comparación, ah?

Sin embargo, hay varios detalles usted consideraría antes de iniciar ese trámite que permitirán educar al examinador asignado, respecto de la funcionalidad de tal invención.

1. Mantenga al día sus notas en el Cuaderno del Inventor.

2. Realice una exhaustiva búsqueda de patentes similares o artefactos y procesos que funcionan similarmente a su invención. Compile la mayor cantidad de similaridades y recursos relacionados a arte previo que haya conseguido. Mientras más referencias mejor elaborado se verá la presentación de su solicitud.

3. Extienda su investigación sobre arte previo a categorías e industrias a las que no solicitaría calificación de patente inicialmente.

4. Asegúrese que todos los planos, ejercicios literarios y pruebas se realicen dentro de los Estados Unidos para efectos de que su jurisdicción influya en el caso de alguna discrepancia por la autoría.

5. Revise en cuál tipo de patente califica su invención de acuerdo a los méritos exigidos por la oficina de registro de patentes de los Estados Unidos.

6. Considere las opciones de costos en relación a cómo presentaría la solicitud de patente: a) A través de un abogado o asesor; b) La solicitaría personalmente. Tenga en cuenta que según su elección los costos varían.

7. Edúquese sobre los servicios *pro bono* que USPTO ofrece.

8. Prepárese a someter su solicitud al escrutinio del examinador.

9. Solicite una evaluación como micro entidad

Inicialmente el inventor no está enteramente convencido sobre cual tipo de protección industrial tramitar.

Las dudas incluyen puntos como: a) si por ser inventor debe asociar su actividad a los autores tradicionales y buscar protección en ese terreno; b) cuánto esfuerzo debe dedicar al registro de marcas, o c) simplemente enfocarse en patentes y definir si esta será una patente utilitaria o una patente de diseño.

Asumiremos que la patente de planta está descartada.

Dediquemos algún espacio para exponer los principios de negocio típicos detrás de la construcción de una estrategia de propiedad intelectual.

Los elementos que inducirían su decisión sobre el tipo de patente forman parte de un plan personal que requiere de su pausado análisis.

Si está indeciso entre solicitar una patente utilitaria o de diseño; o ambas; existen sitios web especializados en el tema o directamente en USPTO, donde leerá información relevante y oficial disponible.

Razones Detrás de una Estrategia de Patentes

A pesar de que las patentes son asignadas a individualidades y a título personal, la industria de la propiedad intelectual es por tradición un negocio de titanes y muchas de sus reglas y conveniencias parten de intereses globales que las marcas tienen sobre sus productos y servicios.

Por lo regular, tener acceso a propiedad intelectual obedece a una estrategia comercial, que puede estar adherida a alguno de los siguientes casos:

Una empresa extiende su propiedad intelectual mediante la expansión del uso de su línea de productos a otros verticales y categorías

Al transferir el uso de propiedad intelectual a otros verticales mediante licencia a empresa madura en el mercado con la intención de hacerla posteriormente parte de una transacción de adquisición o fusión.

Al prepararse para una negociación de adquisición o fusión, empresas más débiles en el papel buscan alcanzar una posición equitativa y de fuerza mediante la creación de nueva propiedad intelectual que permita aumentar su valuación y precio de venta, tomando en cuenta que una patente puede cotizarse en un rango amplio de entre $250,000 y un millón seiscientos mil dólares, que se anexaría a su contabilidad corporativa...

Cuando una organización empresarial altamente competitiva "A" encuentra barreras debido a la posesión de propiedad intelectual en manos de su rival "B", que la obliga a crear invenciones disruptivas que mejoren el producto de "B" ya existente, superando la funcionalidad y prestaciones de patente disponible en el mercado. Así promueve su uso ignorando el arte previo, dejando la puerta abierta para que su competidor "B", haga uso de esa innovación modificada y patentada por esta, de manera gratuita, evitando demandas mutuas y la migración de sus usuarios a otros proveedores, influenciados por la disponibilidad de esta nueva tecnología, mientras las patentes, previa y nueva; son usadas entre sí por ambas empresas.

Un emprendedor desea asegurarse su prevalencia en su start up *asignando la patente emitida en su nombre a una empresa propia y a su vez accionista del emprendimiento, mediante una transacción de royalties, garantizándose al menos entre 3% y 7% por el uso comercial de la invención y evitando ser removido de la dirección de la empresa, mediante maniobras desleales de accionistas con mayor capacidad financiera debido a su autoría y posesión de los derechos por 20 años.*

Al usar la propiedad intelectual para defenderse de los avances en el mercado de competidores más poderosos, congelando la implementación y producción de productos y servicios evolucionados hasta conseguir financiamiento o un acuerdo de fusión, con empresa de gran tamaño interesada en el mismo vertical.

Cuando una organización con posición dominante promueve el lanzamiento de un producto que compite con uno similar recién lanzado por la competencia, persigue distraer la atención de la audiencia sobre su rival con mensajes y ofrecimientos más favorables que este, en cuanto a calidad y precio; impidiendo la expansión de la marca competidora en el propio mercado.

Con estos elementos presentes se aspira contribuir a fortalecer el pensamiento del inventor, cuando su meta a futuro es la de organizar un portafolio de patentes.

Búsqueda de Arte Previo

El primer paso para organizar su estrategia de patentes, es conocer si su invención ya ha sido inventada, producida o patentada, es mediante su búsqueda.

Es importante tener claro el tipo de búsqueda que se realizará sobre arte previo, relacionado a la invención elegida y cuyos resultados garantizarían su patentabilidad.

Hay un par de opciones para iniciar esa tarea de búsqueda. La primera sugiere la contratación de un profesional agente de búsquedas o un estudio jurídico especializado en patentes. La segunda opción, es la de buscarla empíricamente y por sí mismo.

En la sugerencia inicial, consideramos que, si el inventor decide por la contratación de un agente o empresa capaz de determinar la patentabilidad de una invención, mediante la búsqueda, es ideal que esta conozca los procesos y esté familiarizada con las categorías y subcategorías donde se considera que la invención se desarrollaría mejor.

Tenga en cuenta que un agente de patentes especializado en programas de computación o juguetes no tendría necesariamente la misma destreza en la identificación de arte previo en plantas naturales o instrumentos médicos; por lo que debe solicitar referencias de búsquedas anteriores hechas en categorías o verticales similares.

Revise los perfiles de esos profesionales publicados en Facebook o LinkedIn.

En estos casos prevalecerá la experiencia al elegir la categoría apropiada, aquella donde la invención tiene mejores posibilidades de desempeño. Por supuesto que un profesional con experiencia en búsqueda de arte previo, no solamente va a localizar las invenciones más parecidas y similares, sino que también las adecuará a la categoría precisa y las que vienen conexas, debido a su similitud o relación con la invención que usted está desarrollando.

El resultado de las referencias y pruebas sobre sus búsquedas exitosas de arte previo no necesariamente garantiza que el producto es patentable. Sin embargo, el entendimiento sobre categorías y subcategorías que se logre acumular, acomodará la información en beneficio de la invención y su potencial solicitud.

Busque por sí Mismo

Apenas digiera los elementos medulares que conforman su invención, inicie una búsqueda gratuita en la Internet, en sitios web por medio del navegador del computador, y de manera simultánea en Google Patents y en las propiedades web de la oficina de Patentes & Marcas Registradas de los Estados Unidos, (www.uspto.gov).

Si su invención está relacionada a un reloj, entonces si conduce una búsqueda con esa única palabra es posible que retorne miles de resultados; por lo que debería condimentar su búsqueda con frases complementarias o anciliarias como "manecillas asistidas"; convirtiéndose ahora en "reloj" + "manecillas asistidas", por ejemplo.

Realice la búsqueda de invenciones similares en todos los años permitidos por el sistema, sin importar su posible caducidad.

Se reducirá el número de resultados, sin embargo, pudiera notarse que existe *prior art* o arte previo relacionado a la suya.

Siendo ese el caso, se aconseja comprimir aún más la búsqueda; de manera que esta pueda incluir una palabra clave relacionada a una función única concebida para su invención. Por ejemplo, "manecillas asistidas" + "con punta circular" + "que operan como cargador de la batería del reloj".

En este hipotético ejemplo pudiéramos resumir que los resultados produjeron solo dos patentes con la combinación de funciones ingresadas.

Sin embargo, recuerde que los productos no tienen porqué estar patentados antes de fabricarse, por lo que insistirá en la búsqueda exhaustiva de similitudes adicionalmente y a través de plataformas digitales de comercio, como Trends, eBay, Amazon, Etsy, Storenvy, CraigList, Backpage o AliBaba; además de YouTube, Indiegogo y Kickstarter.

De igual forma, realice visitas físicas a tiendas locales especializadas y por departamentos.

La consecución apropiada de archivos que reflejen invenciones similares previas es una labor ardua que requiere dedicación, enfoque y disciplina.

Lo aconsejable es identificar la categoría alegórica a la invención e inmediatamente iniciar la búsqueda mediante palabras de significado amplio y genérico e ir agregando palabras más específicas y asociadas con la invención, a partir de los primeros resultados.

Asumiremos como ejemplo adicional la invención de un nuevo tipo de bañera o tina para el baño.

Inicialmente la búsqueda debe orientarse hacia palabras que pudieron haber sido usadas por inventores previos: "bañera", "tina", "bañadera", "bathtub".

El número resultante de esta búsqueda es extenso, por lo que luego de una lectura breve sobre la mayoría de las patentes emitidas que parecen tener funciones similares, se recomienda agregar palabras y frases específicas que van más de la mano con la invención en la cual está trabajando: "piso anti resbalante", "paredes móviles", "puertas corredizas", "paneles anti niños", etc.

Basado en este resultado pudiera conocer cuáles son las características funcionales reclamadas en patentes emitidas anteriormente y establecer su propio plan de producto y propiedad intelectual como consecuencia a sus hallazgos.

Compile la mayor cantidad de arte previo relacionado a su invención, para ayudarse en la descripción comparativa de su invención y al adicionarla a su solicitud de patente su compilación demostrará que hizo una investigación amplia y asertiva, ante el examinador asignado.

Este ejercicio puede iniciarlo sobre la plataforma de patentes de Google completamente gratis.

Cuaderno del Inventor

Llevar una bitácora que describa los pasos por el cual la invención pasa mientras se desarrolla como producto, es una norma.

De esta forma se establece el lineado de tiempo del proceso de invención, si es que otra persona reclama derechos sobre esta, durante la formalización de petición de la propiedad intelectual.

El formato moderno sugerido de Cuaderno del Inventor, pretende que usted le incorpore los bocetos iniciales, acuerdos de confidencialidad entre diseñadores, técnicos, ingenieros, fabricantes y otros participantes dentro del proceso; comunicaciones varias por escrito, digitales, así como fotografía y video que reflejen fechas y la relación de cada actor con su proyecto.

Puntos a ponderar cuando redacte su Cuaderno del Inventor

1. Esta bitácora no solo es una guía con línea de tiempo, sino que comprueba la originalidad de la invención y los pasos que se van complementando; sin embargo, se sugiere que la descripción sea redactada en una forma que pueda ser comprendida por un tercer actor como jueces, examinadores, árbitros, evaluadores, revisionistas y abogados.

2. Al redactar evite dejar espacios, interlineados o páginas incompletas.

3. Asegúrese que las fechas y horas están acreditadas según el Huso Horario en cada una de las páginas

4. Todas las páginas de Cuaderno del Inventor deben ir numeradas en un formato de tres, la página precedente, la página actual y la página consecutiva

5. Nunca escriba referencia alguna a otros proyectos que no esté relacionada a la descripción señalada en el título.

6. Bajo toda circunstancia evite borrar, corregir, manchar, rayar, sobre-escribir o romper cualquiera de las páginas que conforman el proyecto

7. Incorpore a las páginas copias de toda correspondencia, correo electrónico, bocetos, planos, dibujos, flujogramas, maquetas, cartas, reportes, acuerdos de confidencialidad, contratos, facturas, notificaciones, cheques, vídeos, fotografías, tomas de pantalla, dominios web, copias WHOIS de dominios adquiridos, ejercicios literarios y cualquier material descriptivo complementario asociadas al proyecto de acuerdo a cada fecha.

8. Usted debe ser la única persona quien redacte, revise y corrija las escrituras y planos incorporadas a las páginas.

9. Incluya descripción física del artefacto como medidas, peso y materiales contemplados para una futura fabricación

10. Anote nombres de personal técnico y empresas contactadas para efectos de la fabricación del prototipo y artefacto. Adicione información de contacto, como cargo dentro de la empresa, dirección física, número telefónico y dirección de email.

11. Anexe los costos de diseño, manufactura y producción según la fecha de trámite.

12. Configure cada hoja en dos páginas, anversa y reversa.

13. Tome fotografías de las áreas generales del lugar donde desarrolla su invención.

14. El proyecto debe incorporar los valores que ocasionaron gastos y pagos en una hoja de cálculo, especificando cada emolumento junto a la fecha y los asentamientos bancarios en papel o copias digitales en caso de que se hayan diligenciado mediante aplicativos móviles.

Elija a testigos con suficiente conocimiento técnico, de mercadeo, industrial o legal capaces de visualizar, orientar, guiar y corregir el proyecto de su invención con mérito. Lo más apropiado, es que esta persona no sea co-inventor de la invención.

El proyecto debe incorporar los valores que ocasionaron gastos y pagos en una hoja de cálculo especificando cada emolumento junto a la fecha y los asentamientos bancarios en papel o copias digitales, en caso de que se hayan diligenciado mediante aplicativos móviles. Una hoja típica del Cuaderno del Inventor luciría como se reproduce a continuación

CONFIDENTIAL INFORMATION

Today's Date: _/_/___
RE: _____
Previous Page: __ Current Page: ___ Following Page:__
General Description of Project:
_____
_____
Journal entered on _/_/___ Time of the Day: _:_ (xST)
Entry made by: _____ Signature:_____
Draft to Intellectual Property Protection:
Description of Today's Entry:
_____
_____
Please note any attachments added to this sheet:
Witness:

Printed Name: _____ Signature: _____

Today's Date: _/_/___ Time of the Day: _:_ (xST)

Title on Previous Page: __

Title on Following Page:___

Confidential information that cannot be shared without written permission of the owner.

Initials:__

¿Cuál es la razón de llevar tan metódico documento?

La respuesta es simple: Estos documentos necesitan alimentarse de la información más transparente que va desde la idea y pasa por reuniones sobre funcionalidad, requerimientos de materiales, costos, diseño y prototipo, que permiten llevar una secuencia programática de los eventos que concretaron en invención.

Las notas en el Cuaderno del Inventor se sugieren por dos razones: la primera pretende evitar que las personas que son invitadas a participar en el proyecto deslicen información a terceros involuntariamente y la segunda, y tal vez la más importante, es que coincidencialmente algún otro inventor pudiese estar trabajando sobre la misma idea y promoverla entre inversionistas, asociados o ante la autoridad de patentes, ignorando que una situación similar se está trabajando al mismo tiempo y por otro inventor en otro lugar.

Este modelo de agenda, pudiera influir en determinar los derechos sobre una idea específica, de acuerdo como se estableció cronológicamente en el cuaderno, el proceso de invención hasta solicitar su propiedad intelectual.

El inventor por lo general respalda sus notas bajo ese formato desde el primer momento en que concibió la idea y continúa nutriendo el cuaderno con interacciones diarias.

Por ello se recomienda, sostener una estricta disciplina cuantificando las personas que participan en las discusiones sobre la invención; las fechas de cada ocurrencia, el tipo de información que converge y la documentada como respaldo a información derivada de mensajes y fotográfica —digital y la fílmica; junto a las conversaciones sostenidas con terceros proveedores de servicio y sus respectivos datos de contacto.

Fortaleciendo la Confidencialidad de la Invención

Valioso destacar el hecho que todas las personas que forman parte de este proceso de invención se comprometan a la no divulgación de la información preferencial, mediante la firma de un documento de confidencialidad y su no discusión con terceros sin estar previamente autorizados por escrito.

Este acuerdo de confidencialidad incluirá las fechas comprendidas entre el día en el que se discutió por primera vez sobre la invención y hasta una fecha subjetiva que responda a los procesos aprobatorios de la oficina de patentes.

Se recomienda evitar que el acuerdo de confidencialidad nomine una fecha calendario para cubrir su validez, ya que los procesos de revisión y emisión de patentes son peculiarmente fuera del control del inventor. Sobre todo, si la invención está sometida a una patente provisional.

CAPITULO 5

EMPRENDEDOR VS INVENTOR

COMENCEMOS POR RECONOCER QUE, POR OBTENER formalmente protección intelectual en una invención mediante una patente, no significa que usted se haya ganado el premio gordo de la lotería. Por el contrario, ello significa que la puerta a un camino de arduo trabajo hacia el éxito se ha abierto para usted.

Una patente otorga a su titular el monopolio legal temporal en un conjunto de derechos relacionados con una invención, incluyendo el derecho a beneficiarse de ella.

El inventor, sin embargo, no siempre es el único propietario de una patente. La ley de patentes proporciona un número de maneras en que alguien puede obtener derechos de patente sobre la tecnología inventada por otro, por lo que es aconsejable definir cuál es la posición más apropiada que usted ocuparía con respecto a la explotación de esa patente.

En el trayecto de diseñar su invención seguramente usted se ha debatido entre convertirse en un licenciatario o en fabricante.

No le será una decisión fácil.

Por lo pronto compartiré mi visión sobre ambas oportunidades, de manera que puedan servir de comparación, al elegir cual será la ruta más eficiente para comercializar su invención.

Analicemos primero desde el ángulo del inventor/emprendedor.

Es casi una norma que los emprendedores modernos concluyen las rondas de financiamiento de las empresas que fundaron, como propietarios de entre 5% - 8% del capital accionario.

En el caso de quienes se trazan una carrera en la industria de las licencias, el promedio de ingreso por concepto de royalties fluctúa entre 3% y 20%, dependiendo del producto.

Es típico ver acuerdos de royalties alrededor de 5%, en la mayoría de los casos.

Ninguna de las opciones a elegir hace que el trabajo sea más simple; sin embargo, en el caso del emprendedor pudiera requerir de la dedicación de un mayor número de horas y la participación de personal técnico y profesional adicional, para llevar adelante una empresa basada en su patentada invención.

Todo ese esfuerzo no garantiza acceso a capital, ni el respaldo a la protección de la propiedad intelectual mientras se vende el producto, como pudiera ser el caso de los empresarios que licencian sus patentes.

El emprendedor nato, dedica al menos 60 horas en la formación de la invención como producto y de su empresa en lo administrativo, financiero, cultural y social.

Contrata asesores no solo en propiedad intelectual sino además en negocios y tecnología. Toma personal especializado en coordinar las asignaciones laborales y procesos internos y dedica un cuarto de su tiempo en la consecución de capital para sostener las operaciones.

Algunas veces, el emprendedor no percibe salario fijo y pocos son los casos donde disfruta de fines de semana o vacaciones.

Otro aspecto que requiere de la plena atención del emprendedor, es la relación con socios y accionistas. Esta es una tarea a la que se dedica mucho tiempo ocupado en educar, crear reportes, atender conferencias internas, revisar libros y analizar auditorías. Y sobre todo redactar documentos sobre acciones y tributos, en lo que posiblemente no tenga experiencia alguna.

Son documentos que posiblemente obliguen a la asesoría legal de un abogado, para no solo explicarlo sino re-escribirlo de ser necesario. Tiempo que se distrae del poco que ya se destina a la producción.

Es el inventor quien tendrá que hacerse cargo de planificar y concretar las funcionalidades de su invención, trabajar en el diseño y prototipo y posiblemente ubicar financiamiento para llevarlo a producción masiva.

El emprendedor posiblemente se vea en la posición de financiar su invención con sus tarjetas de crédito o como es identificado en el ambiente: *bootstrapping*; mientras tramita fondos con inversionistas, su banco o planifica una campaña de *crowdfunding*, en las plataformas más conocidas y que están más familiarizadas con este tipo de financiamiento colectivo.

No es garantía que los inventores que decidan convertirse en emprendedores cuenten con los atributos y aptitudes sociales de un emprendedor.

Me refiero a que, por su naturaleza misma, los inventores natos están más enfocados en robustecer la personalidad de su producto y sus funciones, y esa aptitud discrepa con el carácter más flexible y entusiasta, similar al de un vendedor de autos, que usualmente poseen los emprendedores.

Pero no tome mi opinión como cierta. Si usted se siente con los conocimientos y ánimo que le califican como emprendedor, entonces seguramente ese sería un punto de inicio para elegir en cual camino conducirse.

En cuanto a adoptar una posición como inventor o desarrollador de producto, entonces conozca un poco sobre sus atribuciones.

A diferencia del emprendedor, un inventor/desarrollador de productos trabaja con un grupo reducido de personal — muchas veces profesionales *freelance* o comisionables, quienes reciben pagos por tarea contratada.

Su actividad medular está orientada a la creación de la invención, coordinar la búsqueda de arte previo y formalizar por sí mismo o con la colaboración de terceros, la solicitud de protección industrial ante la oficina de patentes en Estados Unidos y otros mercados internacionales de su interés.

Debe poseer el carácter y la flexibilidad para negociar contratos de licenciamiento para sus invenciones y por ende revisar trimestralmente la producción, ventas, finanzas y tributos que se generen de esas asociaciones.

Como parte de la rutina, el inventor debe reunirse con abogados, contadores, ingenieros de producto y de mercadeo, así como con reguladores para discutir el status del producto.

Dedicará tiempo a la planificación de *rollovers* del mismo producto y cultivará nuevas ideas que fortalezcan las ventas o su crecimiento en nuevos mercados y estará dispuesto a discutirlas con el tenedor asignado de los derechos de explotación.

Usualmente la retribución típica por su trabajo ronda el 5% de las ventas al mayoreo, que realiza el tenedor de la patente.

Ponderando ambos escenarios, usted pudiera estar inclinado a una de las dos opciones. Sin embargo, indague más y asegúrese de elegir la más conveniente a su estilo de vida o por la que se sienta mejor capacitado.

Los beneficios como inventor parecieran ser los mismos en función del potencial de ingresos y el nivel de compromiso —aunque básicamente con el mismo nivel e intensidad y no lo obliga al horario restringido y extenuante del emprendedor.

Existen, sin embargo, inventores quienes desean participar en la operación de la empresa que explota su patente, sin estar necesariamente involucrados en su toma de decisiones.

En vista de esa tendencia, inventores sofisticados han recurrido a ceder los derechos de su propiedad intelectual a empresas controladas por ellos mismos y que son registradas en Holanda, Irlanda, Luxemburgo o en Reino Unido.

Estas empresas asignan la explotación de la patente a una tercera empresa que subsecuentemente recibe fondos de inversionistas y capital de riesgo.

La asignación se hace por períodos renovables de uno a dos años renovables, por lo que el inventor legalmente mantiene control ante cualquier maniobra que los accionistas pretendan hacer para aligerar su peso en las decisiones corporativas.

De manera que estando los derechos asignados a esta organización controlada por el inventor se garantiza su permanencia dentro de la directiva, mediante la renovación de tal licencia negociada anualmente.

Errores Típicos

Revisemos los errores típicos en los que incurrimos al inventar un producto o un servicio:

Describamos el primer error como la incapacidad de reconocer qué vamos a hacer con la invención. Si esta se va a patentar con el propósito de licenciarla a terceros o su finalidad es la de producir y comercializarla como producto.

El segundo lo identificaríamos como la indecisión de llevar la invención como negocio en solitario o si por el contrario armar una sociedad con inversionistas. Se invierte mucho tiempo balanceando cual dirección tomar.

Un tercer elemento es el de iniciar el trabajo en una invención sin haber investigado su historia ni haber validado sus posibilidades de resolver una necesidad, entre familiares y amigos de confianza.

Una cuarta es avanzar en la invención sin establecer la disponibilidad de los materiales, la tecnología, la capacidad del fabricante o la oportunidad entre licenciatarios potenciales por convertir la idea en producto

Como error número cinco, diría que el trabajar sin descanso en la invención sin estudiar previamente sus posibilidades reales como negocio, mediante el cálculo de costos, personal, tasa interna de retorno, impuestos y adquisición de clientes.

De acuerdo al tipo de invención, un sexto error pudiera ser el no contar con los fondos para financiar el estudio y la creación del prototipo y sus pruebas; más un poco de mercadeo inicial.

Un séptimo error que se ve con frecuencia en la comunidad de inventores novicios radica en la contratación prematura de profesionales que no están asociados a la transformación de la invención a producto ni a su comercialización.

Como octavo añadiríamos que muchas veces un desarrollador de producto negocia con un fabricante asiático basado en una ilustración en AutoCAD y sin garantías de confidencialidad ni control de calidad.

Como noveno, observamos mucho la inexperiencia de algunos productores al contratar manufactura china para fabricar su invención desconociendo las regulaciones, costos de traslado, aduanas, impuestos o almacenaje tanto donde se produce como en el país receptor de la mercancía

Décimo y que no por orden de importancia, sería el pago de los honorarios por servicio contratado al abogado de patentes, sin revisar los avances, trámites concretados y planificación profesional.

Es imperativo garantizar una y mil pruebas al prototipo antes de llevarlo a producción. Incluso la participación de potenciales usuarios con su opinión valida las posibilidades de su invención como producto.

La realización de un prototipo se ha convertido en un elemento de primordial importancia en el proceso de licenciamiento de una patente.

Dos tendencias coinciden en la decisión respecto al tipo de prototipo a elegir: a) ilustración y videos; y b) una pieza física que refleje operatividad.

En el primero de los casos, usted dibujaría los primeros trazos de una composición donde esté descrita su invención.

El siguiente paso es la contratación de un diseñador, quien pueda ilustrar su invención en términos más precisos en cuanto a tamaño, textura, medidas y funcionalidad.

En muchos casos, una ilustración en 3D será suficiente para demostrar el interés de su interlocutor respecto a la idoneidad del aparato y analizar sus cambios y posibles modificaciones.

En otros, se sugiere pasar a una siguiente etapa relacionada a la fabricación de un prototipo funcional, que demuestre al menos parte de la operatividad de la invención y que sirva de prueba de concepto.

Para gerenciar estos procedimientos, es recomendable que invite a un diseñador industrial o a un ingeniero industrial a contribuir en la interpretación técnica y mecánica de su invención y que su conocimiento lleve adelante la asignación de convertirlos en prototipo.

La elaboración de un prototipo permitirá al inventor acercarse a los costos reales de producción y conocer el proceso de manufactura. De igual manera, pondrá a prueba ante grupos monitoreados de consumidores, las bondades y características de tal invención y las opiniones respecto a su utilidad.

Esta actividad generaría información nueva que induzca a la mejora del aparato y su gerencia de costos y producción en masa.

Dependiendo de si su plan global respecto a la invención es licenciarlo a una tercera empresa o fabricarlo con sus propios recursos, su plan de trabajo cambiará.

Para proyectos desarrollados con la licencia en mente se justifica la contratación *freelance* de diseñadores, ingenieros y firmas de desarrollo de productos.

Si prefiere fabricar, contratar los miembros de su equipo individualmente ofertándoles un empleo de tiempo completo y por orden de prioridad es lo recomendable.

Al decidir qué proceso seguir mientras desarrolla un prototipo, tome en cuenta las siguientes recomendaciones:

—Nunca olvide la regla de que todos y cada uno de los actores en su proyecto firmarán un acuerdo de confidencialidad antes que usted le comparta información vital de diseño y funcionalidad.

—Escriba lo que usted concibe como un alcance detallado del proyecto, que le sirva como guía para gerenciar su proceso desde la A hasta la Z

—Establezca un presupuesto personal para construir el prototipo. Considere entre $500 y $10,000 para la fabricación de un prototipo funcional; de acuerdo al nicho industrial elegido para su invención.

—Después de haber detallado al mínimo el proyecto de su invención, elabore una versión más ligera que sea la que presentaría al diseñador o ingeniero industrial con quien armará la versión 1.0 del prototipo.

—Solicite los servicios y asesoría de diseñadores e ingenieros con experiencia previa en manufactura; o lo que es lo mismo, con experiencia gerenciando la transición de prototipo funcional a producto.

—Asegure la confidencialidad del proyecto incluyendo en su contrato la prohibición no negociable de incluir su diseño en el portafolio de trabajos del diseñador o ingeniero con quien fabricará el prototipo.

—Requiera del diseñador o ingeniero referencias de trabajos anteriores y revise si los ha publicado en los medios sociales (personales y/o profesionales) como Facebook, DeviantArt, LinkedIn, etc.

—Si su candidato le presenta ilustraciones, dibujos o fotografías de prototipos diseñados previamente, no dude en confirmar su autoría mediante una búsqueda de imágenes a través de Google.

—Agende una conversación visual inicial con su elegido vía Skype y asegúrese que habla con el mismo profesional al quien le encargaría el diseño.

—Indague acerca de sus ideas y sugerencias sobre funcionalidad, materiales y colores y su interacción en casos similares, que determinen su interés en el proyecto y su nivel de experiencia trabajando en el área.

—Proponga le trabaje por el costo del proyecto terminado y no por horas laborables dedicadas.

—Fije el desarrollo de su prototipo a la rigurosidad de la descripción y las ilustraciones que forman parte de su solicitud de patente.

—Divida el proyecto en mini-proyectos y estos por hora, efectivo método para medir el profesionalismo, procesos y compromiso con la calidad del diseñador contratado.

—Redacte un contrato con especificaciones como materiales, montos, fechas de entrega, confidencialidad y personal contratado. Intente incluir penalidades y bonos que reflejen la productividad en la fabricación del prototipo.

—Supervise los adelantos del trabajo diariamente o a razón de tres días a la semana.

—Establezca el pago basado en metas y divida estas en cuatro o cinco cuotas, mejorando su administración con cantidades más pequeñas.

—Previo a cerrar el contrato, asegure que su proyecto no va a ser subcontratado a un tercer agente sin su conocimiento y que usted en definitiva habla, evalúa y negocia con el diseñador responsable directamente.

Conozca de Propiedad Intelectual

No olvidemos el hecho que, al obtener una patente, esta le otorga al recipiente derechos plenos para su comercialización, una suerte de monopolio legal y temporal que le garantiza los beneficios resultantes de su explotación e impide que otro actor ingrese una invención similar de fabricación propia o importada, al mercado que la patente cubre.

Dos sistemas para el registro de patentes coexisten globalmente para garantizar los derechos a la propiedad intelectual. El primero otorga mayor peso a quien realiza la solicitud y el segundo modelo, da prioridad al primero que practica la invención.

Detalles que facilitarían su comprensión pueden revisarse en Wikipedia, en el vínculo provisto en la siguiente línea.

https://en.wikipedia.org/wiki/First_to_file_and_first_to_invent

No en todos los casos quien inventa quiere quedarse explotando tales derechos.

Tampoco significa que cesará su ímpetu empresarial si decide licenciar, asignar o alquilarla, ya que la cesión de explotación no obliga la transferencia de los derechos de propiedad de la intelectualidad, ni la patente a terceros.

De igual manera, la concesión de la licencia trae consigo factores referentes a la exclusividad de la explotación y comercialización, debido a que muchos negocios prefieren adquirir plena exclusividad.

Patente Utilitaria Vs Patente de Diseño

En la práctica, una patente utilitaria o de utilidad ampara la forma como funciona o se usa una invención.

Funciones novedosas en maquinaria, equipos y procesos mecánicos o industriales. Incluso, modificaciones o añadidos a productos ya patentados y comercializados, que son protegidos por esta clase de patente en dos formatos, la patente provisional (con un año de trámite) y la patente no provisional que valida la permanencia del derecho hasta por 20 años.

En contraste, una patente de diseño cubre como se ve y luce la invención.

Como ejemplo, destacaría que una patente de diseño puede solicitarse para garantizar el uso exclusivo de una modificación ornamental de un aparato en existencia. Esto en cuanto a su diseño y como luce sin alterar su operatividad.

Este tipo de patente protege al inventor de la copia del diseño hasta por catorce años.

Ninguna de estas patentes es renovable.

Provisional Vs No Provisional

Aunque hemos insistido en establecer una conversación nutrida que conlleve a cada quien a revisar sus fortalezas e intentar gerenciar su propia vida a fuerza del ingenio; el debate sobre el tipo de patente que debe solicitar es una de esas decisiones técnicas que resultan de una combinación de factores.

Cuando un inventor dice que tiene una "patente pendiente", se puede decir que tiene una patente provisional.

La estrategia para la obtención de una patente provisional por lo regular está vinculada a un tema de velocidad en el acceso a una oportunidad de negocios y en otros casos por una coyuntura económica personal.

Aunque se aprecia su aparente facilidad en su procedimiento, la presentación de una patente provisoria, indica que en el período de un año usted debe completar su solicitud con la presentación de una patente completa.

Después de un año, la patente provisional se descarta si usted no presenta la complementación a la provisional.

En el caso de la solicitud de patente provisional, se ha comprobado en la mayoría de los casos, su trámite responde a una estrategia muy particular en el lado del inventor.

Es probable que el inventor resuelva concretar un acuerdo de licencia sobre su invento, y elija esta ruta que es más económica y brinda cierto nivel de seguridad y seriedad ante sus interlocutores, sin forzarlo a meter la mano en su bolsillo por dinero que no tiene.

No quiere decir que la patente provisional sea para "pobres". Por el contrario, es una figura viable adquirida por muchos, ya que abre los espacios para que cualquier interesado pueda solicitar una patente sin que ello afecte su presupuesto rutinario.

Incluso este patrón es usado cuando se busca probar el interés en una invención sin dedicar tanto esfuerzo al que seguro tomaría solicitar una patente permanente de 20 años.

Es conocido que muchos tratos de licencia que inician con patente provisional continúan su recorrido natural en USPTO hacía patente no provisional, con pagos emitidos por quienes han licenciado la invención con el inventor original.

O sea, el inventor no paga sino la primera parte de la solicitud y la empresa licenciataria cubre los pagos por años subsecuentes hasta la caducidad de la patente.

La iniciación del proceso de adquisición de propiedad intelectual mediante un acuerdo provisional, concede status de patente pendiente de un año a quien lo tramita y de ahí que tenga cierta protección artificial que muchos están dispuestos a respetar, aún sabiendo que ningún examinador revisaría la solicitud al menos en un período de 12 meses, a partir de suministrarla.

Es conocido que la petición de patente provisional cuesta mucho menos que si elige la ruta de la patente permanente no provisional.

De igual manera y para quienes han decidido redactar la descripción de la patente por sí mismos, la solicitud provisional exime al inventor de incluir los atributos (o en inglés *"claims"*); cinco o más elementos funcionales que además de obligatorios, son diferenciadores al compararlos con el arte previo disponible.

La patente permanente no provisional solo podrá revisarse cuando dichos *claims* estén insertos en su literatura.

Los riesgos radican en que los cambios realizados a la invención discrepen de lo descrito en la solicitud de patente provisional y esto obligue a retornar al paso uno y explorar las oportunidades de reaplicar, apoyado en ciertos elementos específicos de los que dispone la ley.

Regularmente se plantean situaciones en las cuales usted como inventor requiera privacidad en la solicitud de patente permanente de su invención, o, por el contrario, esta precise de su rápida publicación, USPTO dispone de una figura en la que podrá elegir entre 1) la Publicación Regular de su solicitud (que tomaría 18 meses); 2) la Publicación

Temprana (que puede durar hasta cinco meses); o simplemente pide no publicarla (hasta que ha sido emitida por la oficina de patentes).

Trabajando con un Abogado Especialista

Aunque la oficina de patentes de los Estados Unidos no exige la contratación de un abogado para el trámite de su propiedad intelectual, muchos inventores prefieren asesorarse de algún profesional de la ley con experiencia en patentes.

En todo caso, contratar a un abogado especializado en propiedad intelectual puede diferir de como usted se entiende con su típico abogado de divorcios.

Detallo a continuación...

Es normal que un accidente de tránsito le haga recordar cuan dispuestos están los abogados a ayudarle a resolver su caso.

Muchos pueden servirle a contingencia o cobran sus honorarios por cuotas.

Incluso, profesionales de la ley promocionan sus servicios en televisión y en medios sociales sin ninguna restricción. En muchos casos, la oferta incluye contingencia o compensación *pro bono*.

Esta práctica se ve con frecuencia en la prestación de servicios de consejería legal de trámite rápido y en campos específicos como tránsito, seguros laborales, caída y accidentes leves, reparación de crédito, bancarrota y otros similares.

No sucede con los abogados de patentes. Estos no trabajan bajo régimen de contingencia, pero sí lo harán mediante contrato.

Y esto posiblemente tenga una sólida explicación que cada abogado podrá responderle por sí mismo.

Sin embargo, es noble destacar que hay muchos de estos profesionales capaces de orientar sus planes de acceso a propiedad intelectual; más allá de la patente, incluyendo registro de marcas y derechos de autor.

De acuerdo al tipo de invención, el costo de honorarios de abogado encarecería hasta por $16 mil sus planes de patentarla. Estas cifras se intercambian en la minoría de los casos, así que revise con detalle la experiencia del profesional con quien pretende tramitar su patente -y sus honorarios, si es que usted no decide hacerlo por sí mismo.

Además, asegúrese que este tiene la experiencia en su área y que su práctica está convenientemente asociada al vertical en el cual su invención hace vida.

Si se concreta su contratación, anteceda su decisión a una exhaustiva revisión del contrato y costos por honorarios.

Es importante que este contemple un régimen de pagos en el tiempo y basado en metas cumplidas y así evitarse cargos sorpresas en el futuro.

Haga parte de la discusión, la posible cobertura en el futuro que su abogado haría ante la administración de patentes por defender la petición original y realizar los ajustes o modificaciones que sugiera el examinador. Incorpore en su negociación aquellas revisiones pertinentes a la representación de la patente durante el proceso de examinación por parte del USPTO. Actuaría como cláusula electiva.

Considere la posibilidad de remover el abogado en caso de que la búsqueda de arte previo y la redacción de la patente hayan sido rechazadas por el examinador.

Compare peras-con-peras; por lo tanto, separe el proceso de registro de solicitud de patentes de los posibles trámites para licenciar su invención a empresas o agentes de comercialización. Regularmente puede ser tarea de dos abogados con diferente perfil y experiencia profesional.

Aunque se presume la buena fe y motivación del abogado, eso no le garantiza que este profesional conozca en profundidad de varios tópicos combinados como propiedad intelectual, licencias y royalties o de ejecución de contratos derivados de una licencia (ni todos en conjunto).

Recuerde que el peso creativo de la invención lo sostiene usted y no el abogado. Este necesita que usted describa su invención en todas las formas posibles y considerando la mayor cantidad de detalles.

Basado en su experiencia, usted le ayudará a determinar cuáles son los atributos que destacarían más ante los ojos del examinador de la oficina de patentes.

El abogado le presta un servicio valioso en la consecución de propiedad intelectual para sus iniciativas, sin embargo, su mayor responsabilidad está en redactar la solicitud de patente de la manera más específica y que demuestre su novedad.

Cualquier contrato entre las partes debe estar bien detallado, desde el inicio y hasta lo que se convenga sea el final de la asesoría. Además, cualquier costo fuera del alcance original y el tiempo que usualmente le toma al profesional de la patente asistirlo deben formar parte del contrato.

Si durante el debate sobre qué estrategia proseguir para la obtención de propiedad intelectual se acentúa la necesidad de definir cuál tipo de patente elegir, se recomienda que seleccione ambas si su presupuesto es elástico.

De otra forma, insista en solicitar una patente de utilidad y ahí es donde el abogado y su equipo demostrará su plusvalía como asesor.

Es común que en el proceso de licenciar una patente participen hasta cuatro abogados con diferentes estilos y fortalezas.

Estos abogados pudieran dividirse entre el practicante en la redacción y litigación en el área de propiedad intelectual y con énfasis en patentes; un segundo que se encargue de elaborar el contrato de asignación y licencia. Un tercer profesional especializado en fiscalizar que las cláusulas de tal contrato sean cumplidas por la empresa que asumió los derechos temporales de la licencia y la oficina de abogados de esa última empresa, con el que posiblemente se reunirá frecuentemente; para revisar la estrategia de su invención y la relación con su empresa.

Comprometa los servicios del abogado por el tiempo y costo del proyecto. Evite a toda costa la facturación por hora de servicio e insista en consolidar los honorarios como un proyecto único.

Tenga en cuenta que no debería firmar un contrato de extensión en el cual retenga los servicios de un profesional del derecho especializado en patentes, debido a los procesos que transita su invención desde patente a licenciamiento.

Pague los honorarios de su abogado solo después de recibir una factura detallada por la prestación de sus servicios. Si hay que adelantar un pago, solicite una factura pro-forma que sería una copia adelantada por tales honorarios.

Intente usar su tarjeta de crédito para concretar sus pagos. Si no posee una, adquiera una tarjeta asegurada o prepagada Visa, MasterCard o American Express.

En última instancia, pague con un cheque personal y así poder comprobar que usted es el titular de la solicitud de propiedad intelectual para su invención

Lea esta guía-cuestionario que pretende orientarlo sobre qué preguntaría al abogado de patentes que usted seleccione:

¿Cuánto tiempo tiene practicando como abogado de propiedad intelectual/patentes?

¿Cuál es su experiencia técnica en esta categoría/vertical/nicho específico?

¿Podría usted asegurar que tiene una experiencia mayor en un campo/vertical/nicho específico donde se considere un experto? Siendo su respuesta afirmativa, cuál es ese campo/vertical/nicho?

¿Cómo es su política de trabajo con nuevos clientes?

¿Cuántas patentes solicitadas por usted les han sido aprobadas?

¿Cuál es su opinión en cuanto a trabajar con patentes provisional y sobre patentes permanentes no provisionales?

Si elijo iniciar con una patente provisional, ¿cuál será su trabajo cuando se venza el año de gracia y comience su examinación?

¿Cuál es la principal razón por la que sus clientes solicitan sus servicios para tramitar la propiedad intelectual

¿Con qué tipo de profesionales está conformado su equipo de trabajo?

¿Tiene previa experiencia patentando en oficinas internacionales?

¿Usted o alguien en su equipo ha trabajado como examinador ante la USPTO?

¿Tiene usted alguna asociación de trabajo con oficinas de diseño y prototipo?

¿Qué formas de pago acepta?

¿Ofrece planes de financiamiento?

¿Existe alguna forma de cancelar el contrato si decido no continuar con el proyecto o si otro abogado de la empresa licenciataria decide proponer y asumir la solicitud de los derechos de propiedad intelectual en mi nombre?

¿Tiene referencias de clientes que han contratado sus servicios con los cuales conversar?

Sea riguroso en la revisión del abogado que pretende contratar y enumere toda la información, documentos, gráficos y piezas de prototipo sobre su invención para garantizar una buena redacción y presentación de su invención ante el examinador.

Al igual que los abogados especialistas en propiedad intelectual, existen agentes registrados ante la oficina de patentes que pudieran orientarle.

¿Pudiera notarse alguna diferencia entre uno y el otro profesional?

Podemos mencionar que un abogado especialista en propiedad intelectual; obtiene sus conocimientos al asistir a una escuela de derecho.

Sin embargo, este no es el detalle que mejor los difiere de agentes, sino que además el abogado conoce la ley de propiedad en su amplitud y esta cubre derechos de autor, registro de marcas y más.

El agente, por su parte, es un profesional con más experiencia en áreas técnicas específicas y de tecnología; y es clave en la interpretación de invenciones.

El abogado generalmente se hace de un equipo conformado por varios otros profesionales del derecho y un agente de patente, debido a esa fortaleza técnica.

Es posible que un abogado de propiedad intelectual tenga un mayor peso significativo en la discusión de una patente, marca o derecho de autor en una corte de justicia.

Muchos agentes han laborado directamente en la oficina de patentes y ejercen como asesores de estudios de abogados y empresas de todo tamaño, en la conformación y defensa de su portafolio de patentes.

Conveniencia de Registrar la Patente Usted Mismo

Es muy interesante determinar si usted no cuenta con los recursos, ni dispone de los elementos que permitan el pago de asesoría a terceros por su solicitud de propiedad intelectual, que el sistema fue concebido por USPTO para que cualquier inventor pueda manejarse dentro de su entorno, componer la redacción e ilustración de la invención y someter la petición por su cuenta por una modesta inversión.

No es una ilusión sugerirle al lector que convierta la redacción y solicitud de su patente en un desafío personal.

¿Cómo pudiéramos asumir este ejercicio como una meta personal?

Revisemos algunas sugerencias que pudieran fortalecer su entusiasmo y contagiarle confianza en sí mismo mientras le guía a través del ejercicio:

Dedique un tiempo razonable leyendo y revisando la estructura de texto empleada por inventores y sus abogados redactando invenciones similares en su misma categoría.

Use su teléfono inteligente o el sistema de reconocimiento de voz en Google Docs y dicte las características de su invención. No olvide ningún detalle.

Realice ese ejercicio descriptivo varias veces hasta que sienta que lo ha explicado completamente y comprende a plenitud sus funcionalidades, la forma y el material del que estaría fabricada.

Exíjase plena satisfacción.

Ahora que ha logrado adentrarse suficientemente en el tópico, recuerde los principios en los que se ha basado para administrar la formación de su invención con criterio de producto:

¿Qué objetivo persigue?

¿A cuál público está orientado?

¿Qué material ha elegido para su elaboración?

¿Qué forma adoptaría su diseño?

¿Funciona mecánicamente?

¿Debe operar mediante electricidad o batería?

¿Cumple una función?

¿Es una invención ya probada previamente y de uso popular, pero usted pretende cambiarle su diseño?

Redacte un listado de productos similares y que competirían con su invención en el mismo vertical.

Enumere las diferencias de funcionamiento o de diseño que diferencian su invención de los productos ya patentados y de operación similar que compiló en su búsqueda de arte previo.

Note el arte previo incorporado a la descripción de su patente por número de referencia como es costumbre en tales redacciones.

Ilustres sketches descriptivos de su invención a mano-alzada siguiendo los requerimientos de la oficina de patentes. Estas ilustraciones deberían visualizar varios planos de la invención.

Anexe formalmente esta literatura y sus ilustraciones a su Cuaderno del Inventor

Si desea, regístrese como Micro Entidad ante la oficina de patentes de los Estados Unidos.

Admito que la redacción de una solicitud de patente no es una actividad simple.

De hecho y para muchos, redactar una patente es una tarea complicada de llevar adelante.

Aún así, no se trata de construir un cohete lunar.

Ciertamente los abogados y los agentes son quienes estarían mejor calificados para desarrollar esta tarea profesionalmente; sin embargo, contratar a uno de estos no es un requerimiento en sí mismo.

Reitero que, por fortuna de la tecnología, usted tendrá a su disposición la posibilidad de grabar hasta el cansancio y con su voz la descripción de su invención, de manera de asegurarse que ningún elemento de este quede sin ser considerado en la grabación.

Apóyese en las ilustraciones. Estas son de crítica relevancia para describir la invención más objetivamente.

Si usted no se siente seguro que esta sea una tarea que puede llevar a cabo con éxito, entonces contrate la asesoría de un profesional.

En Internet habrá uno que se adecúe a sus necesidades, geografía y presupuesto.

Tips para Describir su Invención si Decide Hacerlo

Es particularmente desafiante redactar las características de su invención. Sobre todo, porque creemos no estar seguros de incluir el número infinito de elementos que nos pasan por la mente.

Cuales dejar ni cuales incluir.

La buena noticia es que su invención por lo general sufrirá renovaciones y modificaciones en el futuro, que, siendo versiones mejoradas, fortalecen las propiedades industriales y físicas de la invención y de la patente.

Trace el ciclo de vida de su invención en etapas, basado en la compilación de arte previo que alistó.

Esta primera solicitud pudiera ser su versión inicial, robusta y completa de cómo envisiona el producto. Ahórrese la inclusión de nuevos aditivos que posiblemente el mercado no esté listo para adoptarlos o que le creará confusión a la esencia y funcionalidad general de su invención.

De manera que configure una agenda en la cual separe las funcionalidades de su invención, entre las que estarán disponible en la primera versión y aquellas que serán incorporadas en versiones posteriores.

Como sugería anteriormente, grabe con su propia voz la descripción de cómo opera su invención. Intente verlo desde varios ángulos y descríbalos individualmente.

Así descubrirá nuevos elementos de la misma versión que fortalecerán su propuesta asegurando que su producto es lo más cercano a único.

En relación a qué no dejar por fuera en la primera solicitud de patente, debemos recalcar que quien intente replicar su invención, estaría infringiendo sus derechos. Por lo que, si usted se dedica a trabajar en otras versiones futuras de su producto, la empresa en violación terminaría pagándole por el acceso a lo que ya ha patentado.

Respecto de cómo exactamente describir cada funcionalidad y atributo es interesante indagar cuándo escribir cada detalle y cuándo elaborar una descripción más general, que evite arrinconar la funcionalidad.

Pruebe describiendo como opera una bicicleta y como están asociados sus diferentes mecanismos y procesos entre sí para producir su equilibrio, desplazamiento y frenado.

Describa la instrumentación de la bicicleta y cómo inciden estas en su movilidad. Incluya el asiento y cómo operarla cuando se está sentado. Sus formas y decida si incluir sus medidas y material con el que la construiría.

Sin embargo, tenga siempre presente que su descripción debe ser elocuente y clara —sin dejar espacio a las ambigüedades; ya que el otorgamiento de los derechos de explotación de su patente por años viene con la obligación de explicar su funcionamiento y operatividad, de manera que pueda ser replicada por cualquier empresario sin dificultad, cuando esta caduque.

Así que evite el uso de palabras y frases cuya definición no pertenezca al dominio público o sea muy abstracta y complicada de comprender.

El lenguaje debe ser de fácil comprensión por el lector.

Dibujos & Ilustraciones

El uso de apoyo visual es una exigencia estratégica para la explicación no verbal de su invención.

Aunque no es de obligatorio uso, se hace un elemento esencial para el examinador a cargo de revisar su solicitud de patente.

La ilustración se adhiere a normas muy estrictas, conservadoras y de trazos limpios que permitan una descripción fluida, pero detallada cuando sea necesario.

Sus trazos deben ser claros en tinta negra y sobre fondo blanco mate.

Piezas en 3D o a colores son muy escasamente usadas, por lo que se recomienda evitarlos.

No use fotografías, a menos que sea la única opción disponible.

Si toma la decisión de presentar la ilustración en formato físico, USPTO prefiere el uso de papel de 21 cms x 29,7 cms (8 ½ x 11 pulgadas).

Mantenga márgenes de 2.5 cms de alto; 2,5 cms en el margen izquierdo, 1,5 cms en el margen derecho y 1,0 centímetros en el margen a pie de página.

La ilustración de la invención debe proveer todos los planos, ángulos y vistas posibles en forma vertical. Si se requiere usar diversas vistas del mismo plano, puede agruparlas en una sola página.

Use números para describir piezas y detalles referenciales en la ilustración de su invención. Si usa letras apóyese en el alfabeto occidental tradicional que usamos en español o inglés.

Puede revisar en el sitio web de la oficina de patentes, para compilar información más al detalle que le pueda interesar.

Tales ilustraciones pueden costar entre $25 y $100 por plano, por lo que si necesita varias imágenes se encarecería el presupuesto.

Puede sin embargo intentarlo por sí mismo, basándose en los requerimientos expuestos aquí junto a aquellos disponibles en la web.

Aprenda a ilustrar mecánicamente vía AutoCAD o tome la iniciativa y elabore sus dibujos a mano-alzada.

Realice una búsqueda de aquellos programas de diseño computarizados anclados en la "nube" que gratuitamente o por un precio moderado, le faculte en el diseño de su ilustración al ritmo de su paciencia y perseverancia.

Además, siempre busque asistencia en la página web de la oficina de patentes para orientar la ilustración de su invención apropiadamente.

Micro Entidad

Registrar su proyecto bajo el *status* de micro entidad genera una serie de beneficios que impactan mayormente el bolsillo del inventor de una forma positiva.

El proceso de registro es simple y las instrucciones están disponibles en el sitio web de la oficina de patentes. Sin embargo, los requisitos más fundamentales para ser aceptado bajo ese status son:

Calificar como pequeña entidad como lo sugieren las normas del USPTO

Su nombre no debe estar mencionado en cuatro solicitudes de patente previa

Ingreso personal debe estar por debajo de tres veces el ingreso medio por hogar, durante el año precedente a su solicitud.

No estar bajo la obligación de ceder o asignar la patente como licencia a alguna otra entidad cuyas necesidades son diferentes a las del inventor

A no muchos les satisface atravesar todo el proceso de trámite para comprobar su derecho a pagar cuotas como micro entidad.

Si lo prefiere obvie este tema y aplique por su patente sin solicitar este beneficio optativo. Los precios varían frecuentemente por lo que se recomienda que los revise en uspto.gov

El inventor además cuenta con descuentos y beneficios monetarios derivados de los servicios que presta la USPTO, pero también con asesoría legal gratuita conocida como *pro bono.*

Leamos un poco sobre esa favorable condición...

Pro Bono

En su literatura de ley, la *America Invent Act* promueve la participación de abogados y agentes de patente en asesoría y guía para la apropiada solicitud de derechos para quienes no tengan experiencia y/o carezcan de recursos para costear los servicios de un consultor privado en la elaboración de su patente.

Los trámites para registrarse y resultar elegido para el programa *pro bono* son sencillos y los puede revisar en la propia página de la oficina de patentes de los Estados Unidos o en la siguiente dirección Internet: https://www.uspto.gov/patents—getting—started/using—legal—services/pro—bono/inventors

Registro de Marca & Copyright

Es importante conocer cuál es el peso y espacio que ocupa el registro de marcas (conocido en inglés como *Trademark* y en su derivación de *Service Mark*); y los derechos de autor (*Copyright* en inglés) en su estrategia de propiedad industrial.

El registro de marcas cubre los nombres comerciales que son asociados a su invención o producto. Estos son las denominaciones comerciales (como por ejemplo American Telephone & Telegraph, AT&T; o 3M, por Minnesota Mining Manufacturing), iconos, símbolos, traje, logotipos, tipo de letras y *slogans*, de forma unitaria o separada como combinación entre sí.

Estas marcas (Trademarks) igualmente son tramitadas ante la oficina de patente de los Estados Unidos. En este caso y como en las patentes, las marcas deben registrarse en categorías específicas.

Los derechos de autoría (Copyright) cubren tradicionalmente diseño, trabajos literarios, musicales (álbumes y bandas sonoras); artísticos (como obras teatrales), televisivos, fílmicos y hasta los programas y códigos que operan computadores y con ello, juegos, sistemas, aplicativos y procesos basados en la Internet.

Proteja su Marca a Través de Internet y en Medios Sociales

La propiedad intelectual moderna obliga a la expansión en terrenos sociales que no eran parte de un plan corporativo de protección industrial. Con eso me refiero al uso masivo de las redes sociales que hoy tienen un valor significativo comparado a la propiedad intelectual como la conocemos tradicionalmente.

Revisemos ejemplos de dominios que han sido adquiridos y las cifras que se pagaron por tener acceso a ellos.

- Insurance.com | *$35.6 millones en 2010*
- VacationRentals.com | *$35 millones en 2007*
- PrivateJet.com | *$30.18 millones en 2012*
- Internet.com | *$18 millones en 2009*
- **Insure.com | *$16 millones en 2009***
- Fund.com | *10 millones en 2008*
- Sex.com | *$14 millones en 2014*
- Hotels.com | *$11 millones en 2001*
- Porn.com | *$9.5 millones en 2007*
- Fb.com | *$8.5 millones en 2010*
- Business.com | *$7.5 millones en 1999*
- Diamond.com | *$7.5 millones en 2006*
- Beer.com | *$7 millones en 2004*
- iCloud.com | *$6 millones en 2011*
- Israel.com | *$5.88 millones en 2008*
- Casino.com | *$5.5 millones en 2003*
- Toys.com | *$5.1 millones en 2009*

Y así como asegurarse el uso de su marca a través de las ya incontables extensiones de dominio en la web; emprendedores y empresas están haciéndose de cuentas en medios sociales y en los foros de discusión más visitados de la Internet para proteger sus marcas.

Con esa prioridad, se aseguran el acceso y control de la marca en Facebook, LinkedIn, Snapchat, Instagram, Outlook, Google+, Blogspot, YouTube, Booking, WordPress, AOL, Twitter y algunas otras plataformas que operan como medios sociales.

CAPITULO 6

ESTUDIO & ESTIMACIONES DE MERCADO

LA INVESTIGACION DE MERCADO DEBE IR orientada simplemente a la recopilación de información local en función de ese producto específico y extrapolar a lo que pudiese ser la comercialización regional, por territorio, por país e incluso globalmente.

Atrás han quedado los tiempos cuando un estudio profundo nunca conectó las necesidades del producto con los atributos de un producto en particular.

Esto de acuerdo al tamaño que pueda tener la empresa con el cual va asociarse para comercializar esta patente.

Es muy interesante destacar el hecho de que el que uno sea un inventor no se resume a dibujar el esqueleto de un aparato. Es de igual importancia poseer la visión de empresario.

Muchos inventores inician en solitario con la visión de crecer con la contratación de personal técnico que logre contribuir en el diseño, construcción y prueba de prototipos, con la idea de integrarlos a empresas más grandes vía licenciamiento de su invención.

Interesante acción.

Inventores convertidos en estudio de diseño y conformados por redactores técnicos, ingenieros industriales, mecánicos, eléctricos y de sistemas; diseñadores, economistas, contadores y abogados de propiedad intelectual.

En la investigación del mercado que atañe a su invención debe considerarse los valores asociados con las siguientes variables:

- *Personalidad & Ciclo de vida del producto*
- *Tamaño del mercado (en kilos, millas, litros, etc.)*
- *Participación de competidores en el mercado*
- *Demografía*
- *Costo de venta*
- *Categorías y modelos*
- *Lealtad/Churn*
- *Canales de distribución*
- *Competidores y sus precios*
- *Presencia en social media*

En este proceso de invención entran aquellos elementos que hemos venido redactando en el Cuaderno del Inventor, incluyendo investigaciones nuevas que hemos agrupamos sobre invenciones anteriores o el tipo de material que se emplea en su fabricación actualmente.

Durante este proceso determinará si la presentación de un prototipo es fundamental para negociar su invención con distribuidores y licenciatarios. Mediante su investigación podrá vislumbrar si un prototipo virtual o ya uno en producción y prueba será el que use para sus discusiones.

Beneficios de Licenciar una Invención

La cantidad de beneficios generados por un acuerdo de licencia son numerosos.

Entre ellos se destaca el hecho de contar con una organización empresarial de mayor experiencia, gerenciando el desarrollo y la evolución del producto, desde producción hasta el consumidor final.

Estos acuerdos se apoyan en la comercialización en masa de la invención y simplemente generan el ahorro general, en relación a lo que usted pagaría contratando personal, adquiriendo maquinarias, arrendando locaciones para la fabricación y distribución, retorno, seguros, impuestos y cualquier imprevisto que el negocio ocasione.

Además, de estar al pendiente de la producción y entrega, evolución del producto y sus nuevas pruebas.

Y aún más importante, al gerenciar la patente debido a la licencia asignada, esta empresa comercializadora podrá contestar cualquier intento de copia que vulnere los derechos que fueron otorgados por la oficina de patentes.

Ciertamente, es una sociedad donde los costos son compartidos. Sin embargo, hay una probabilidad notable de que pueda ganarse entre 3% y 7% del total facturado al por mayor, de la venta del producto que usted patentó y sin un esfuerzo de producción titánico.

Intentar fabricarlo por sus propios medios tiene sus desafíos, pero que además pudiera generar un mayor nivel de ganancia personal, que solo usted podrá determinar con lápiz y papel.

Conociendo la Mentalidad de Negocios de la Empresa

Al proponer su invención, tenga en cuenta que usted negocia con personas y que estas son las que poseen la visión de cómo incluir un nuevo producto en el portafolio de esa organización empresarial.

Las decisiones sobre la negociación de licencias sobre invenciones novedosas, va en muchos casos vinculados con las condiciones de la economía, la capacidad instalada de la empresa fabricante, su posición de dominancia en el mercado y la potestad de maniobrar su presupuesto, para agregar nuevos productos o procesos a su línea corriente de producción.

Los precios de diseño, fabricación e implementación en alguna línea de producto existente, juega un papel de relevancia en el análisis.

Estas decisiones son revisadas cuidadosamente por gerentes, que además son bonificados en dinero por los dividendos que generen sus decisiones y entre estas, negociar una licencia.

Aun cuando la misión del gerente es negociar una licencia que vaya en beneficio de sus consumidores, también es cierto que esta debe cumplir con una serie de requisitos exigidos por la empresa, que van desde la consecución de los derechos intelectuales a un precio favorable, la practicidad que reviste la invención al masificar su producción, la tecnología subyacente, su costo de producción y la necesidad que tal invención cubriría en el mercado local, regional y global.

En el escenario donde un inventor inicia negociaciones con una empresa candidata y por un producto con un alto componente de tecnología y electrónica, es muy probable que este gerente esté ya entretenido con estudios, análisis y proyecciones de producción con invenciones de alcance similar con mínimo costo de fabricación, debido a la ausencia de tecnología de reciente generación.

Es posible que la empresa receptora de la invención esté igualmente interesada, pero las modificaciones a nivel de producción pueden tomar un tiempo y usted prefiere contar con su licencia operativa y sus royalties proliferando en su cuenta bancaria, en un corto período.

Interesante resaltar que un producto de bajo presupuesto, contaría con espacio para expandirse en mercados alternativos, ampliar su base de consumidores, mediante la creación de sub productos que varían en cuenta, precio, calidad y prestaciones —incluyendo el manejo con otro nombre/marca y/o subsidiarias.

Esta estrategia se va a mirar con muy buenos ojos dentro de una organización formal, porque va a obligar a la competencia a revisar su estrategia como respuesta a ese lanzamiento súbito de un producto que no se veía venir.

Sin embargo, por simplemente contratar servicios externos que cooperen en el diseño y la construcción de un prototipo y la fabricación en masa del producto que se está inventando, es muy importante que se sepa el tipo de material o materiales que inciden en su construcción y en los mecanismos que alimentan funcionalidades y cuál puede ser la cantidad de patentes que conlleva.

Considere esos atributos que determinarían si su invención posee una personalidad innovadora como producto.

¿Mi Invención Tiene Algún Valor?

Mucha gente pudiera estar inventando un producto para fabricarlo o licenciarlo...

Estos costos pueden variar por mercados, regiones o territorios globales. Incluso por tipo de manufactura y el nicho de mercado que este fabricante cubre y en el futuro, cualquier modificación que mejore las prestaciones de la invención o la transición de un vertical a otro con el mismo producto, fabricante o con un modelo derivado de la misma invención, pero con diferente diseño.

Además, se mide la rotación del producto, explorando si su audiencia le daría un uso anual o frecuente y de alta rotación; al igual que si es un candidato a ser comercializado en diversos mercados más allá de los específicos y étnicos.

Identifiquemos algunos atributos y cualidades que incrementan el valor subjetivo de una invención:

- Producto final físicamente adecuable a línea de producción existente
- Bajo costo de producción
- Costo competitivo para socios al detal hambrientos por altos márgenes
- Flexibilidad de ampliarse a nuevos mercados y verticales
- Posibilidad de crear un *mix* de productos dirigidos a audiencias con diferente capacidad de compra
- Alta rotación
- Funcionalidad o diseño novedoso a partir de un producto probado
- Implementación y uso enfocados hacia hogares y viviendas, oficinas, escuelas, hospitales, hoteles, autos o a actividades deportivas
- Incorporable a otros productos bajo sub-licencias

Como ejercicio, propondría tres métodos posibles que usted estudiará y orientarse sobre el tamaño potencial de su contrato de licencia:

Descuento de Flujo de Caja

Tasa de Crecimiento

Precio Comparativo

Expertos recomiendan que una de estas tres fórmulas se obtiene mediante descuento de flujo de caja, o *Discounted Cash Flow* (DCF); lo que intentaré explicar conversacionalmente.

Podríamos comentar que DCF es un estimado de facturación de su invención licenciada y ahora convertida en producto, durante un ciclo de tiempo que se proyecta entre 2 y 10 años, según sea la duración del trato —aunque la patente establezca derechos de autoría y explotación por 20 años.

El total proyectado resultante al aplicar la fórmula DCF, sería dividido entre 3% y 7% que sería el valor aproximado de los royalties a recibir como inventor.

De manera que, si pronostica vender 100 mil piezas anuales, en un período de cuatro años a razón de $10.00

individualmente, entonces sumará el crecimiento de las ventas por el número de años calculados en su estudio y deducirá cada dólar/año a una tasa de entre 10% y 20% de su valor, que resultará en un monto en dólares producto de esas.

Aunque existe una plétora de variaciones de cómo aplicar DCF, se cree que proyecciones financieras típicas asumen un descuento a razón de 20% por dólar por año, por lo que, en el caso de una facturación a 4 años, un dólar podría valorarse a $0.80 -o 20% deducido de cada US$1.00; hacia el segundo año de facturación; el tercer año a razón de $0.60 por cada dólar -o 40% de descuento por cada dólar calculado; y el cuarto y último año se calcularía en $0.40 por individual dólar -a 60% de descuento.

Otra figura que puede adoptar es la basada en tasa de crecimiento. Esta fórmula se nutre de la proyección de sus ventas incrementadas a una tasa pronosticada, por ciclos o temporadas; o simplemente calculando un crecimiento "piso" en las ventas de su producto que oscile entre 1% y 1.5% mensual por la duración del contrato inicial que cubriría el acuerdo de licencia.

El crecimiento debe ser evaluado de acuerdo al tamaño de compra del mercado y la participación actual de los productos rivales.

Incluso, pudiera calcular un promedio de hasta 5% en el incremento del número de nuevos clientes que mes a mes compran su producto.

De igual manera, considere una tasa de *churn* de alrededor de 5%, que es la cifra de clientes que abandona su producto después de concluir un período de compras constantes y para no volver. Estos cálculos se aplican en productos de alta rotación y hasta por períodos de un año y se descontarían de la tasa de crecimiento mencionada en previos párrafos.

Las razones del *churn* son diversas y no las tomaré en cuenta para esta explicación.

En todo caso, ese factor en sí mismo decrecería sus pronósticos de ventas.

De ese resultante sume el porcentaje que pretende obtener en royalties (¿5%?). Pudiera dividir esa cifra entre los años del acuerdo, el potencial de venta en mercados alternos y partir los pagos entre pago inicial por acceso a la licencia y los royalties derivados de las ventas hechas a los distribuidores. No ignore los descuentos por efecto de devoluciones y retornos, artefactos dañados, defectuosos y re-poseídos -si es el caso.

No deje por fuera de sus calculaciones, algunos valores que fluctúan como el costo por almacenamiento desde donde se despacha el producto, y si este es un almacén privado que administra compras sobre una plataforma Internet —como Amazon FBA, o de un tercero que vende al consumidor detallista directamente.

Una tercera figura elegida por expertos en valuaciones, es la que equivalente a Precio Comparativo —o Comparable Pricing, donde tomamos como referencia el costo actual de un producto similar de la competencia, ya maduro en el mercado, y establecemos una comparación a nivel de precio —hacia arriba o hacia abajo, influenciado por su calidad de acabado, el material usado, la funcionalidad, la tecnología aplicada y cualquier otro elemento que le agregue valor al producto.

Tome siempre en consideración las oscilaciones entre precio final y aquel aplicado a nivel de distribuidor cuando el fabricante, como parte de sus derechos sobre la licencia, promueve descuentos al negociar por volumen o por el ingreso en nuevos mercados o debido a combinación de otros productos, mediante una técnica de mercado y ventas denominada upsell/cross-sell, y en las que sus ingresos pudieran verse impactados.

En la investigación de mercado se establece el potencial tamaño que pueda tener el producto, local, regional, nacional y hasta globalmente.

Negociando su Idea sin Patente

Hagamos un ejemplo de lo que pudiera ser formalmente una patente.

Universalmente, una patente es un derecho de excluir a otros en la explotación de una invención específica. Para el inventor, este derecho es una exclusividad válida hasta por 20 años.

A diferencia de lo que la mayoría piensa, la patente más que basarse en la novedad agregada por la tecnología, es un derecho y podemos crear ejemplos varios para describirlo, como el caso del automóvil.

En este caso, los beneficios y atributos primarios del producto son el traslado de personas y objetos desde el "punto A" hasta el "punto B".

Me atrevería a decir que muy posiblemente, esa patente originalmente cubría ese elemento medular sin entrar en los detalles de cómo se potenciaría.

Aunque no se mencione la tecnología que hace que el carro se mueva, por su subyacencia, no significa que el automóvil esté empleando tecnología que pertenece a terceros para cumplir con su objetivo y promesa de movilidad.

En este ejemplo, el vehículo se moviliza capacitado por diversidad de motores, bien sea a gas, eléctricos, impulsados por hidrógeno, alcohol, de combustión tradicional o halado por caballos.

Incluso así, el auto definitivamente podrá moverse desde A hasta B, de izquierda a derecha y de arriba—abajo con cualquiera de estas 4 o más tecnologías.

La invención se basa en la movilidad del carro y como elemento secundario la tecnología que mejora o modifica su desplazamiento.

Esto además trae a la discusión el hecho de que el vehículo, según la tecnología que se elija para movilizarlo, debe cubrir los costos por acceder a los derechos de tales patentes en poder de terceros. En caso de permanecer "válidas".

Mantenga presente estos detalles fundamentales de su invención, ya que la comprensión de este punto puede ayudar a eliminar mucha confusión al momento de interpretar la plusvalía de su invención previo a intentar alguna transacción.

Hay varias formas de negociar una invención sin que esta esté protegida por una patente. Revisemos las situaciones más comunes:

—*Inicie un proceso de registro de una patente provisional*

—*Atienda exposiciones, ferias y trade shows referentes al área de sus invenciones*

—*Acérquese a los grupos de inventores de su ciudad*

—*Hable con un agente profesional de patentes y licencias. Estos por lo regular disponen de un nutrido rolodex de contactos necesarios*

—*Contacte con empresas en crecimiento dentro de su mismo espacio. Evite las poderosas empresas dominantes en su primera incursión al licenciamiento.*

—*Relaciónese con un grupo de emprendimiento de una universidad cercana*

—*Sugiera un acuerdo de confidencialidad mutua*

—*Reúnase con inversionistas potenciales enmarcados en un acuerdo de ángel investor o representantes de financiadoras de capital de riesgo*

—*Proponga la incorporación de su producto en el mix de ofertas de empresas de comercio por catálogo o subscripción, donde pueda posicionarlo como complemento y reduciendo sus riesgos por exposición.*

Famosos consultores del área de licenciamiento y desarrollo de producto sugieren acercarse a empresas que no se cuadran exclusivamente con invenciones patentadas.

Sin embargo, existen organizaciones empresariales a las que se les hace imperativo trabajar con inventores que tengan sus productos patentados —al menos con la etiqueta de pendiente.

Esta rutina aleja a estas empresas de enfrentar juicios frívolos con algún inventor alegando poseer propiedad intelectual sobre la invención, en la que se está desarrollando este producto.

Como se explica con más detalle en otra parte de este documento, las motivaciones de los compradores de patentes responden a una variedad de propósitos.

Compradores de patente se guían de la oportunidad que se brinda para fortalecer su portafolio, generar una maniobra defensiva contra sus competidores en el mercado o ante una corte judicial; ven en la invención patentada un canal adicional para la venta y exposición de sus productos actuales, incorporar valor agregado a la empresa mediante la inclusión de una nueva patente o simplemente detectan una oportunidad comercial que vale la pena explotar

Estas empresas pudieran interesarse si el inventor logra demostrar algunos puntos comerciales vitales, tales como:

—*Opiniones de potenciales clientes finales*

—*Reportes de las necesidades que el producto cubre y soluciona en el mercado*

—*Costos de producción*

—*Precio sugerido de venta al consumidor final*

—*Pronóstico de ventas en un período de entre de 2, 4 y/o 10 años*

Obvio destacar la importancia de presentar invenciones que van en línea con los productos que esta empresa comercializa, debido a que le sería más simple reconocer la potencialidad de su invención.

Ha aumentado una tendencia creciente de aliarse entre empresas con la finalidad de agrupar sus portafolios de patentes dentro de un consorcio industrial sin lazos jurídicos, que las vincula entre sí, aun perteneciendo a diferentes propietarios, inventores y compañías, de manera de fortalecer su protección y defensa ante demandas desmedidas que por derechos de autoría e invención reclaman empresas no operativas a las que denominan *patent trolls*.

Empresas Amistosas con Inventores Novicios

No es gratuito el hecho que Estados Unidos sea la primera fuerza industrial y comercial del planeta.

Sus empresas más emblemáticas continúan la tradición de sus fundadores, muchos de ellos inventores que se convirtieron en emprendedores exitosos, incluso sin disponer de capital; que mantienen la pasión por la innovación y el bienestar para su clientela y con sus oídos abiertos a nuevas iniciativas.

En el listado a continuación recorremos algunas de las más proactivas y con disposición de atender nuevas propuestas.

Lea el listado a continuación y determine si entre estas está una que se adapte al propósito de su invención:

Iniciando Contacto con Empresas

Debido al avance de las telecomunicaciones y los cambios de paradigmas ocasionado por el uso del email, es viable realizar el primer contacto en frío por medio de una correspondencia electrónica.

Una nota inicial no tiene porque dirigirla a alguien en particular, ya que es posible que no conozca el nombre del ejecutivo encargado de nuevos negocios, desarrollo de producto, suministro de ideas, revisión de nuevas propuestas asociaciones estratégicas o propiedad intelectual.

Insista en contactar con ejecutivos en el área de mercadeo, ventas y producto; mandos ejecutivos en el departamento de patrocinio o alianzas. Intente con personal del departamento legal. Aunque estos últimos pudieran no ser el contacto más apropiado para iniciarse.

A partir de ese primer contacto, desarrolle un trato cordial que los conduzca a la revisión sin compromiso de su invención.

El contenido de su correspondencia pudiera guiarse de las siguientes líneas:

Estimado ACME, Inc.

Mi nombre es John Doe, y soy desarrollador de producto independiente (o de la empresa "Emprendium").

Recientemente, he visto con interés las tendencias de producto que están siendo solicitadas en el mercado y mi equipo y yo estamos desarrollando un producto que cumple con las exigencias actuales del consumidor de productos ACME y cuya funcionalidad me gustaría compartir con usted.

El liderazgo de ACME, ha impulsado la innovación en nuestra comunidad y mi contribución con "Nerbie", se fija a la visión de su organización, en cuanto a calidad y confiabilidad, y pretende satisfacer la exigencia más rigurosa mediante su funcionalidad y practicidad.

"Nerbie", es un atornillador inteligente accionado por WiFi y operado desde una aplicación móvil.

Durante dos años, hemos estudiado la operatividad del producto, sus costos y pronosticado el tamaño aproximado de su mercado en el país -que supera los $32 millones anuales. "Nerbie" se adapta a su familia de productos y su incorporación traería un refrescamiento en la línea, ante los consumidores millennials a muy bajo costo de producción.

Tenemos un estudio completo del producto junto a la emisión de la patente utilitaria, emitida por la USPTO.

Comuníquese a la brevedad mediante respuesta a este correo o por teléfono, llamando al número (212) 555-1212.

Agradeciendo su atención, me reitero con el interés de saludarlo próximamente.

Cordialmente,

John Doe

Apenas le respondan de "ACME", ubique a la persona vía LinkedIn y solicite se haga su contacto. Sin embargo, las comunicaciones posteriores pudieran ser ampliadas por usted al teléfono, mediante llamadas directas a su oficina.

Acuerdo de Confidencialidad

Es muy importante que revisemos el efecto de la confidencialidad con una visión analítica y un poco fuera-de-la-caja.

La confidencialidad obliga a que un pacto sobre preservar los secretos de la invención prevalezca hasta que la patente sea un hecho jurídico y comercial.

Existe una vinculación sin barreras entre el Cuaderno del Inventor y el proceso de confidencialidad que concluye en la formalización de un documento donde las personas se comprometen a mantener la confidencialidad y proteger los secretos de la invención por un período específico.

Sugiero que no documente un compromiso con validez de apenas 6 meses, ni por un año, o por dos. Esos acuerdos deben ser redactados con tiempo de duración sujeto a una decisión de la oficina de patentes donde se garantice el uso público de esa invención. Y eso puede tomar más de dos años.

Abundan los ejemplos en los que se ha perdido el valor de una invención al filtrarse el secreto, por causa de un comentario ingenuo en las redes sociales o porque alguien subió una ilustración demostrativa de la invención a YouTube o a su portafolio en la web.

La persona oficial encargada de examinar la invención en representación de USPTO, buscaría por todos los medios y vías, invenciones similares, no solamente en los archivos de la oficina de patentes, sino también podrá insistir en búsquedas en eBay, Kickstarter, Alibaba, Taobao, Tmall y Amazon, en redes sociales como Facebook, Pinterest, Instagram o Twitter.

Usted como inventor debe evitar que esta examinadora "tropiece" visualmente con su invención en la página web de un tercero, porque tendría mucha explicación que darle para demostrar que es usted o alguien de su equipo el responsable de esa filtración.

Comience por prohibir el uso de material relacionado a su invención en sus portafolios de diseños o casos de estudio.

Use en toda su correspondencia en papel y electrónica una advertencia de la prohibición del uso de esa información sin su autorización escrita y que la falta a esa exigencia pudiera concluir en una acción judicial contra el receptor de esa correspondencia.

La aprobación como ley del *Defense Trade Secrets Act*, promulgada en mayo del 2016, pudiera traer nuevas luces en cuanto a la comunicación que comparte sobre su invención entre asociados, empleados y contratados.

Sin embargo, no deja de ser complicado distraerse en asegurarse que su idea se mantendrá en secreto inicialmente entre sus colaboradores y luego en todo el grupo de personas y empresas que se vendrán incorporando, a medida que usted se encamine a licenciar o producir en masa.

Encarando el proceso de acercamiento con empresas con la que usted como inventor desea relacionarse, tenga presente que no todas se sienten cómodas o están autorizadas a comprometerse de esa manera; por lo que posiblemente no firmen un acuerdo de confidencialidad, antes de ponderar la potencialidad de su invento.

Razones varían por empresa y tipo de industria, pero veamos cuáles pueden resultar ser las más recurrentes, cuando estas se abstienen de firmar su acuerdo de confidencialidad.

- Es posible que estén trabajando en un proyecto similar
- Pudieran estar negociando una estrategia de fusión en el futuro inmediato, que compromete una empresa que rivaliza con su invención
- No firmarían un acuerdo de confidencialidad sin conocer la idea en sustancia. Al conocerla pareciera no tener mucho sentido firmarlo.
- El inventor posee una reputación de ser un individuo complicado y difícil de negociar, y temen ser arrastrados a un juicio por definición de la confidencialidad.
- El tiempo que consume definir quién es la persona responsable ante la junta directiva de comprometer a la empresa en esa área.
- Por lo regular los acuerdos confidenciales sugieren la discreción a niveles que impedirían contemplar diversidad de ideas similares de provistas por otros inventores con propiedad intelectual.
- Algunos gerentes consideran que presionar por la firma de un acuerdo secreto, seria como iniciar el negocio con el pie izquierdo y demostrando poca confianza.

- Empresas se creen cultural y corporativamente reputadas, para pretender robar su idea, por lo que siempre aducirán, eso para zafarse de su presión.

- El costo de emplear un abogado corporativo en la revisión del documento sugerido por usted, puede ser orientado hacia otras áreas legales donde la empresa requiere asistencia inmediata

Si usted aún no se siente cómodo, conversando con una empresa que no le firma un acuerdo confidencial sobre su invención tiene dos opciones: La primera es la de armar un círculo dentro de la empresa con el cual usted comparta la información. Aunque para muchos más riesgoso, esta iniciativa impide que un empleado clave de Investigación & Desarrollo o Producto, modifique los atributos de un producto maduro aplicando las bondades de su invención y reclame autoría para la compañía.

Mientras conversa con varios, de diversos departamentos internos, usted reduciría la posibilidad de que esto suceda y, además, lo tendrá grabado en correspondencia física y electrónica que se ha intercambiado.

La segunda opción, es la de solicitar protección temporal a su invención mediante una patente provisional.

Elabore un Acuerdo de Licencia

Superando la situación de preservación de la confidencialidad que conversábamos en el punto anterior, es hora de enfocarse en armar el verdadero acuerdo de licencia. Porque por esa razón es que usted está negociando con esta empresa.

Recuerde que una patente es un conjunto de derechos que representa un monopolio legal temporal en una obra de tecnología que es novedosa, útil e inventiva.

El dueño de una patente puede mantener su patente para sí mismo, o puede asignar o conceder licencias.

Si bien una asignación de patentes representa una venta directa de los derechos de patente, una licencia de patente representa la transferencia de derechos parciales, temporales o no exclusivas.

Para la mayoría de inventores con la motivación de licenciar su patente, los temas medulares que forman parte de la estructura del negocio son desconocidos.

Los abogados expertos en estas tareas son llamados a debatir los beneficios y las dificultades que se presentarían durante la discusión y concreción de un acuerdo.

Estos acuerdos normalmente poseen una fecha de inicio que se divide entre la preparación de prototipos, prueba y el lanzamiento del producto terminado a través de los canales de distribución.

Este proceso, entre otras cosas, consumirá algún tiempo para su concreción por lo que el inventor debe estar preparado.

Unido a este factor, es oportuno la inclusión de otros condimentos a la discusión de su posible acuerdo de licencia.

Converse todas sus inquietudes y detalles con un abogado y determine la posibilidad de incluir y excluir, valiéndose de la conveniencia estratégica que cada elemento represente para la salud del acuerdo de licencia para ambas partes.

Revisemos superficialmente algunos y determine con su abogado cuáles serían claves en su negociación, bien sea porque le beneficia o lo mantiene alejado de errores y equivocaciones:

—Acordar una suma de pago inicial por el derecho a la explotación de la licencia.

El proceso de producción y venta toma muchas veces hasta un año, mientras se adecúan los acuerdos, se resuelven las pruebas, se ofrece el producto y se alinea al proceso de distribución nativo de la organización que adquirió la patente de su inventor original.

Por ello, el asegurarse una suma inicial como parte del acuerdo es lo más apropiado.

Algunas empresas intentan empujar este pago como adelanto de buena fe, por futuras ventas no aún realizadas. Sin embargo, ese es un elemento que puede evitarse si presiona por obtener una compensación justa por los derechos. Tal y como sucede cuando usted realiza un pago inicial para acceder al derecho de uso de un producto o servicio.

Si esta exigencia complica la concreción del trato, convenga en repartir el monto entre 12 meses, entre pago inicial, bonos y pagos fijos mensuales. Incluso considere aceptar un pequeño porcentaje (prorrateado) del monto total como adelanto de royalties a ventas futuras.

—Determinar por separado las fechas relacionadas a prototipaje, pruebas, focus group, campaña de marketing y distribución al mayor

Cuando usted entra en un acuerdo de licencia se establece un cronograma que refleja el plan de mercadeo y de ventas de su invención. Este calendario deberá agregarse a su contrato, tomando en cuenta misceláneos e imprevistos típicos de la industria.

—Royalties

El porcentaje debe ir de acuerdo no solo a sus aspiraciones comerciales sino apegado a los costos de producción, distribución y ventas del producto licenciado.

Regularmente puede apoyarse en la fórmula de DCF, para establecer un número aproximado en ganancias brutas y desde ahí considerar el porcentaje de sus royalties.

Otro proceso del que pudiera guiarse es comparando precios y arreglos similares entre productos y empresas similares a su experiencia de licencia actual. Por lo regular, los porcentajes de royalties van de entre 4% y hasta 20, siendo el rango típico entre 5% y 7%.

—Períodos de pago y fechas

El contrato especificará el pago de sus royalties y los elementos que conforman la cifra, incluyendo producción, impuestos, mercadeo, asesoría legal, almacenamiento, distribución, comisiones, retornos y gastos generales de ventas.

Sería oportuno incluir beneficios y penalidades en función del tiempo de pago.

Con esto quiero decir que un pago por adelantado, aunque no es usual, pudiera representar un descuento temprano para la empresa licenciataria y usted como inventor recibirá menos, pero pagaderos inmediatamente.

De igual forma, las fechas de pago son parte del contrato por lo que pagar dentro de los cinco días de haberse cumplido la fecha la empresa pudiera solicitar un descuento porcentual sobre la cifra. En caso contrario, el inventor pudiera penalizar a la empresa licenciataria/distribuidora por retrasos en sus pagos de acuerdo a lo estipulado en la ley.

Los pagos están asociados a las cifras de productos vendidos y auditable en períodos previos y debe indicar sus beneficios monetarios y cualquier descuento que sea parte del trato sobre la licencia.

Las fechas de pago pueden negociarse en períodos de 30, 90 y 180 días dependiendo del caso

—Auditoría anual

El contrato de licencia incluirá los requerimientos y permisos necesarios que garanticen al inventor realizar auditorías agendadas sobre las ventas y los royalties que han sido cubiertos por el distribuidor licenciatario en el tiempo acordado.

Por lo regular, la empresa licenciataria permitiría el acceso irrestricto a los libros de venta individualizado del producto licenciado; así como sus facturas, libros de despacho y entrega con los detallistas a cuáles surte.

—Asignación de patente por tiempo y territorios

Usted puede elegir el alcance de la licencia basado en la geografía y en el tiempo de validez. Aunque usualmente son acuerdos que prevalecen 2 ó 3 años, previendo que en ese tiempo ya logran verse los resultados de como el producto es aceptado por su audiencia masivamente.

En cuanto a la geografía, en ocasiones la primera empresa no siempre tiene presencia directa en mercados foráneos y tampoco cuenta con fabricantes ni distribuidores corresponsales, por lo que debe administrar los nuevos tratos con productores, fabricantes o distribuidores incumbentes para asegurar el ciclo de vida de su producto, más allá de la cobertura de la licencia inicial.

—Propiedad sobre patente original y su modificación y cambios

Como se ha hecho referencia previamente, la propiedad intelectual recibida está asociada con la versión primaria de su invención.

Esto quiere decir que habrá siempre espacio para modificaciones que incrementen las prestaciones y mejoren su uso y que llamaremos versiones.

Estas versiones deben aplicarse a la patente original por usted si continúa trabajando en el diseño y en la evolución de su operatividad. Sin embargo, la empresa licenciataria pudiera contar con un equipo que aporte ideas a como el producto funciona y luce.

Ese atributo podría ser parte del contrato, de manera que cualquier modificación realizada por la empresa a la que usted ha licenciado, forme parte de la patente original.

—Recuperación de derechos en caso de bancarrota

Es posible que cuando esté elaborando el plan de acción para concretar un trato de licencia, usted olvide momentáneamente que las empresas pasan por ciclos y que muchos de estos están fuera de control de sus gerentes.

Por lo que una legislación nueva, una acción judicial contra la empresa o simplemente un cambio en la actitud de consumo de sus clientes pueden forzar a una organización empresarial a declararse en quiebra.

Siendo esto un caso hipotético pero válido de discutir, tenga entonces presente que usted pudiera agregar una cláusula a su contrato en la cual sus intereses como inventor estén protegidos, en el caso de que esta empresa licenciataria quede a merced de un juez de bancarrotas.

Proponga cláusulas en las que usted recuperaría la propiedad intelectual por $1 —o una cifra monetaria especificada previamente, si la empresa realiza una petición voluntaria ante la corte de bancarrotas. Incluso induzca la desvinculación a los derechos que adquirió la empresa en el evento de que esto suceda.

Los cortes de bancarrota por lo general se encargan de administrar la empresa hasta nuevo aviso y su control sobre activos como la propiedad intelectual es escaso.

De manera que si la empresa logra sobrevivir un proceso de "quiebra", estaría en posición de renegociar el acuerdo de patente con los nuevos administradores.

—Participación en tratos de alianzas y asociaciones estratégicas

He oído con frecuencia una suerte de refrán que dice que los mejores empresarios son aquellos que crean un negocio para venderlo. Es incluso posible que usted se haya involucrado con una empresa cuya gerencia tiene planificado una transacción de venta con un tercero, a los pocos meses de concretar su acuerdo de patente. Usted, sin embargo, quisiera tener una opinión en cuanto a cómo quiere ver su producto con los nuevos propietarios de la empresa con la que originalmente pactó la licencia.

Si esa es una prerrogativa que usted cree merecer entonces adiciónela al contrato.

—Ventas mínimas

Muchos inventores entran en acuerdos de licencia con la fe en que la empresa hará todo lo posible por favorecer su producto y honrar el contrato y las metas de venta.

Usualmente, las empresas disponen de una gerencia de producto supervisando cada necesidad individual. El inventor, por su parte, aun sabiendo del potencial de su producto, no tiene control sobre la inversión en promoción y en la adquisición de nuevos clientes, y es poco lo que podrá influir, lo que pudiera afectar su expectativa de ingresos sustancialmente.

Aquí es cuando es necesario aplicar una cláusula en referencia a que el fabricante, productor y distribuidor debe garantizarle una cantidad específica de unidades vendidas por período.

Basado en su estudio previo es probable que se haya generado un número potencial de ventas de su producto. Al adelantar los acuerdos con la empresa a la que ha licenciado, notará que hay una cantidad potencial de productos vendidos, retornados y desperfectos bajo la cual se determina el volumen y pago de sus royalties. Asegúrese que en su contrato esa cifra está fijada o de alguna manera puede ser flexible de hasta 10% arriba o abajo de la meta en períodos de 90 días, 180 días o por anualidades.

Si la empresa no alcanza tal cifra usted pudiera no solo solicitar el pago de una penalidad por bajo rendimiento o solicitar la liberación del contrato y retomar los derechos para buscar otro arreglo con un nuevo distribuidor.

Promueva la exclusión durante la negociación cualquier cláusula que pretenda descontar de la contabilidad y auditorias aquellos productos financiados al consumidor que no fueron pagados ni recuperados.

—Comisión por ventas generadas por inventor mediante su propio esfuerzo

Con la proliferación de redes sociales, subscripción de productos seleccionados, marketplaces digitales, Multinivel (MLM), programa de afiliados y sistemas de *dropshipping*, el inventor no estaría excluido de participar en los canales de distribución alternativos existentes para comercializar el producto licenciado con su esfuerzo.

Si esta es una ruta que desea explorar mediante la exposición de tal producto en eBay, Amazon, Mercado Libre y otros sistemas no tradicionales, intente incluir en el contrato de licencia un aparte donde refleje la reventa a sí mismo y distribución gerenciada, con beneficios porcentuales adicionales a su acuerdo original de royalties, que compense su inversión hecha conformando un equipo de ventas, publicidad y distribución.

En resumen, no construirá una nueva plataforma de fabricación, sino que venderá (revendería) los mismos productos derivados de su licencia, direct del fabricante al que usted le ha licenciado.

En la discusión de este acuerdo, usted debe debatir sobre la estructura de precios y comisiones.

—Retardo en la producción y fabricación del producto

Uno de los errores típicos en el que incurren los inventores es el de manejar el negocio de licencia como un científico, sin darse cuenta que ya ha migrado hacia una etapa más comercial en el desarrollo de su invención.

Ahora sus requerimientos necesidades y compromisos varían sustancialmente y cualquier retardo en el proceso afectaría sus finanzas, las entregas posteriores, la ampliación del producto en ese mercado inicial y su expansión a terceros.

El retardo en la fabricación y diseño del empaque apropiado, es incluso una causa notoria que se presenta al inicio del proceso de lanzamiento del producto.

Debe mantenerse alerta para favorecer con sus acciones el *timing* de la producción y distribución.

Es probable que una cláusula en esta dirección demuestre ante la empresa licenciataria su interés en trabajar el proyecto con seriedad y que la rigurosidad en la supervisión del proyecto garantizaría un beneficio económico global para los actores participantes, inventor, fabricante y empresa.

Haga que la calidad en la producción de su producto sea óptima y especifique bajo cuáles circunstancias esta sería penalizada, por causa de los desperfectos en el diseño y la manufactura, y posterior comercialización de la invención.

—Negociar bajo la combinación de invenciones actuales con promesas futuras

Por regla general atar el compromiso por adquirir derechos de una patente no deberían mezclarse con promesas asociadas a invenciones no protegidas, ya creadas o en proceso, que no formen parte de esa licencia.

—Limitar un porcentaje de los royalties al pago de los servicios de asesoría que pudo haber generado la solicitud de patente

Usted pudiera retirar de sus hombros la responsabilidad de cubrir por sí mismo el costo total de la patente. La idea no es que usted no pague. Sí, lo pagará. Pero lo hará por medio de las ganancias y beneficios que el mismo producto genere.

De esa forma, la empresa licenciataria podrá destinar parte de los royalties en consideración de los honorarios de los abogados propios que fueron asignados a trabajar en la solicitud de patente —si es necesario.

—Participar en los gastos contra empresas y organizaciones que violenten la patente

Recientemente la lucha por demostrar la propiedad de invenciones y patentes se ha incrementado. No simplemente a nivel de entidades no operativas o *trolls*, sino que empresas globales han abierto una lucha por la propiedad exclusiva de patentes —sobre todo en electrónica y software.

Con la popularidad de plataformas como GoFundMe, Indiegogo y programas televisivos como The Million Dollar Inventor y Shark Tank, fabricantes asiáticos han tomado ventaja muy rápidamente manufacturando réplicas de una variedad de productos prácticos que luego son vendidos a nivel global ignorando el mercado de Estados Unidos, donde ya existe una patente emitida.

Las empresas sin embargo disponen de ingentes presupuestos para luchar la transgresión de los derechos adquiridos mediante patentes en mercados de su medular interés.

Estos litigios no solamente consumen tiempo, sino que ocasionan numerosos gastos entre abogados, peritos investigadores, traductores, técnicos y en traslados, por lo que hace prohibitivo que un inventor independiente produzca y comercialice bienes nuevos e innovadores. Aunado a que reduce las posibilidades de facturación del producto, al tener que amortizar los cuantiosos gastos en las cortes por hacer prevalecer sus derechos.

Esto definitivamente impacta el ingreso denominado en royalties para el inventor.

Aunque de cara al contrato de licenciamiento, habrá que estudiar cuál sería su posición en situaciones como esta. Si se contempla la obligación de asumir co-pagos como socio del fabricante. Si fuese el caso, su contribución se deduce del ingreso por royalties o, por el contrario, simplemente es un asunto que no le concierne al inventor. Pero debe referenciarse en el contrato. Converse con su asesor legal.

—Restricción de negociar con productos fuera del alcance de la patente

La posibilidad de trabajar en la aplicación del producto patentado en verticales y mercados de expansión debe ser un punto a considerar. En ocasiones los inventores sumergidos en su labor de perfeccionar la funcionalidad de un producto específico, no reconocen la potencial aplicación natural del producto en otras áreas conexas o en mercados de introducción, donde el producto pueda ser una alternativa, al cambiar procesos y resultados al introducir un uso novedoso.

Traiga a la conversación factores como cuál sería el modelo de compensación o quién lideraría el proceso de descubrimiento y redacción de documentos de propiedad intelectual resultantes de esta incursión y cuál sería el tiempo para prototipos, pruebas (más pruebas) y lanzamiento.

—Acuerdo de no negociar más licencias

Expertos recomiendan que excluya de los contratos el compromiso de revisar nuevas patentes asociadas o no con la invención que se estaría licenciando más allá de las extensiones obvias derivadas de la propia licencia.

O sea, solamente considere el trato de una patente a la vez y en ella sus posibilidades.

Cada patente tendrá su propio destino y forma.

Dicho esto, es recomendable que se excluya de cualquier contrato alguna mención sobre beneficios o penalidades ocasionadas por el manejo de la presente patente y que serían aplicadas a patentes que se estudiarían posteriormente y que pertenecen al mismo nicho y a la misma familia de productos que son licenciados.

—Paquete obligatorio de licencias

Elaborar un paquete de patentes que endulce el compromiso actual no parece ser una buena idea. Pague 1 y lleve 3 no es una práctica aconsejable. Discuta con su abogado como este elemento influenciaría su negociación.

Reiteraría que cada invención o patente debe discutirse por separado.

—Provisión de royalties no relacionadas con ventas

El sistema de royalties obedece a un formato convencional y rígido. Sin embargo, usted puede proponer términos flexibles en beneficio de la relación mutua del acuerdo de licencia. Por regla general el acceso a royalties no debe exceder el tiempo por el cual la patente ha sido concedida. Acuerdos relacionados a la sub licencia de producto por regiones y mercados

Sin embargo, reconozca el impacto que tendrá la inclusión de nuevas funcionalidades en las versiones futuras del aparato y en el beneficio que estas representan en la expansión de los términos del trato original.

—Intentar cobrar royalties por ventas hechas en otros mercados debido al contrabando

Introducir literatura asociada a la reacción en común contra el contrabando y producción de imitaciones.

—Intentar cobrar royalties por ventas hechas en otros mercados debido al contrabando

Introducir literatura asociada a la reacción en común contra el contrabando y producción de imitaciones.

—Permitir el pago de propiedad intelectual internacional proveniente de los ingresos por royalties

No son pocos los casos en la que las patentes exitosas migran hacia nuevos mercados.

La negociación de un contrato de licencia no significa que usted se hará millonario instantáneamente. Tampoco quiero decir que no tendrá éxito.

En cualquiera de ambos pronósticos, es probable que la expansión de su patente requiera de un gasto que, por no ser millonario, aún no pueda financiar.

Patentes internacionales individuales pueden tener un costo necesario debido a la potencialidad del mercado o en la restricción al ingreso de copias y réplicas no autorizadas que tomarían el espacio de su invención.

Si ese es un elemento que desea como parte del acuerdo general de licencia, indague con su abogado qué tan efectivo pudiera ser el que la potencial exigencia de co-pago de parte de la empresa distribuidora no sea una sola suma grande, sino que se deduzca de las cuotas que recibirá por razón de royalties.

—Cláusula donde considerar remedios ante actos Dios y de fuerza mayor que afecten la producción

Actos involuntarios forman una estadística que vale la pena considerar al redactar un documento sobre licenciar su patente.

Exclusivo Vs No Exclusivo

Este es un tema de entera relevancia que debe ser considerado en sus conversaciones con su asesor de propiedad intelectual.

Hay léxico específico que puede confundir los términos de su negociación. Exclusividad, co-Exclusividad y lo que en inglés mencionan en algunos círculos como *Sole-Licensing*, son temas a dilucidar con su consejero legal.

Sin embargo y para quienes se inician en el negocio de licenciar patentes, lo básico para digerir es que, en los derechos exclusivos, las partes acuerdan que ninguna otra persona o entidad legal puede explotar los derechos de propiedad intelectual pertinentes, salvo cuando el titular de la licencia lo autorice mediante un contrato.

Por otro lado, de una licencia no exclusiva otorga al licenciatario el derecho a usar los derechos de propiedad intelectual, sino sobre una base no exclusiva. Eso significa que el licenciante todavía puede explotar los mismos derechos de propiedad intelectual y también puede permitir que otros adquieran licencias de explotación de la misma patente.

A pesar de que en ambos casos el licenciante autoriza al titular de la licencia para usar su propiedad intelectual a cambio de una compensación negociada, las licencias exclusivas y no exclusivas se refieren al grado de uso por territorios y verticales a conceder.

Existe sin embargo mucha cultura intrínseca sobre la Exclusividad y la no-Exclusividad de la patente, que podrán ser revisadas entre las partes.

Financiando su Invención

Si su visión es la de darle vida a su invención por su cuenta, el financiamiento de su patente es clave.

Hay varios mecanismos para recaudar fondos y de los que seguramente usted estaría ya familiarizado:

- *Financiamiento propio mediante ahorros*
- *Tarjetas de crédito*
- *Préstamos entre familiares y amigos*
- *Ángeles inversionistas*
- *Préstamos bancarios*
- *Fuentes de capital de riesgo*
- *Crowdfunding*

...Ya que leyó mi libro.

Admito que no es fácil escribir un libro. Sobre todo, cuando mi experiencia redactando creció entre libretos publicitarios, artículos como columnista invitado, elaborando planes de negocios para mis emprendimientos o recientemente en mi blog en Medium.

Es distinto, sí. Más cuando quiero ensayar un nuevo estilo de redacción, al que llamo coaching conversacional; en el que manejo un modelo de literatura fluida sin obviar la rigurosidad del tema relacionado al negocio y sus reglas naturales.

Agradezco mucho que usted haya llegado hasta aquí. Mi idea es la de conversar sobre todos los asuntos que se relacionan a la producción y licencia de su propia invención. Temas que son de interés propio de emprendedores, quienes, como yo, han transitado todo ese proceso.

Aspiro esta lectura sea de su utilidad. Yo continuaré haciendo mis mejores esfuerzos por compartir mi conocimiento, exponiéndolos al debate, mediante libros, conferencias y seminarios, mi blog o mi práctica profesional.

Reciban mis respetos y mis mejores deseos.

Armando

www.ingramcontent.com/pod-product-compliance
Lightning Source LLC
Chambersburg PA
CBHW061437180526
45170CB00004B/1454